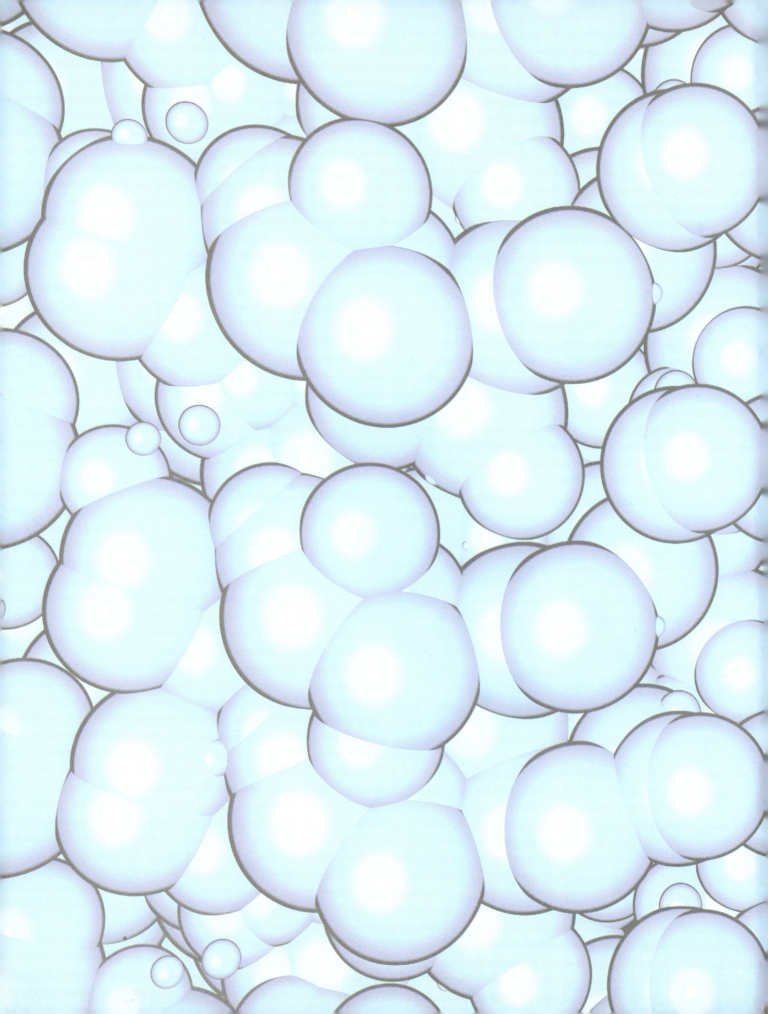

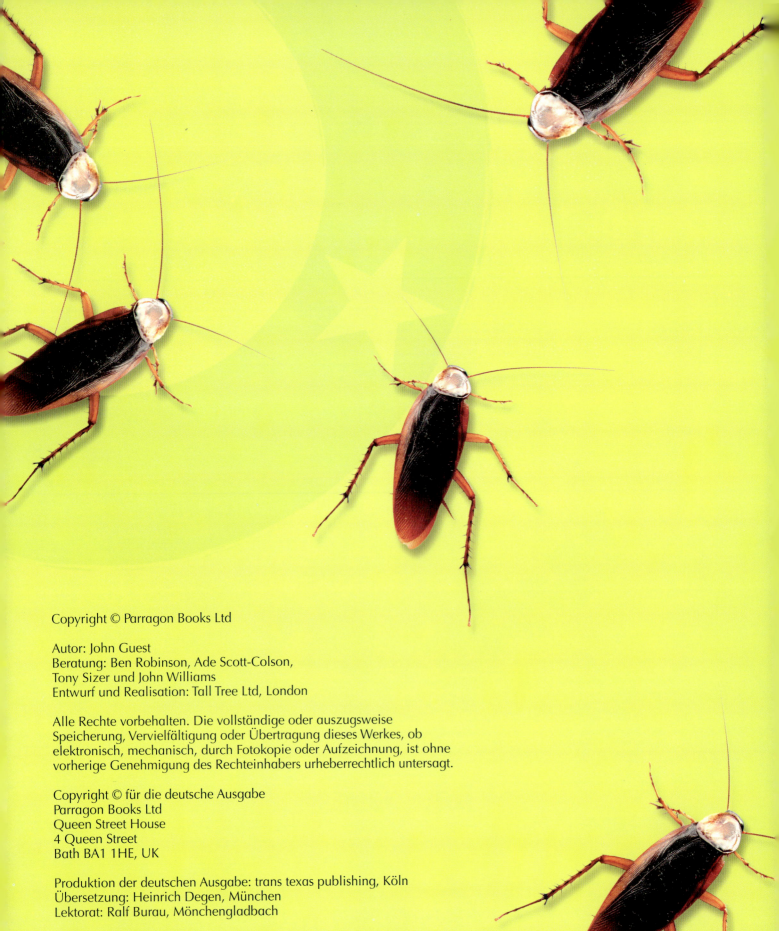

Copyright © Parragon Books Ltd

Autor: John Guest
Beratung: Ben Robinson, Ade Scott-Colson,
Tony Sizer und John Williams
Entwurf und Realisation: Tall Tree Ltd, London

Alle Rechte vorbehalten. Die vollständige oder auszugsweise Speicherung, Vervielfältigung oder Übertragung dieses Werkes, ob elektronisch, mechanisch, durch Fotokopie oder Aufzeichnung, ist ohne vorherige Genehmigung des Rechteinhabers urheberrechtlich untersagt.

Copyright © für die deutsche Ausgabe
Parragon Books Ltd
Queen Street House
4 Queen Street
Bath BA1 1HE, UK

Produktion der deutschen Ausgabe: trans texas publishing, Köln
Übersetzung: Heinrich Degen, München
Lektorat: Ralf Burau, Mönchengladbach

ISBN 978-1-4075-4105-1
Printed in Indonesia

Inhalt

Einleitung 6

Wunderwerk Körper 8

Krankheit und Gesundheit 34

Die haben WAS gemacht? 60

Die Welt des Menschen 86

Erde und Weltall 112

Verrückte Natur 138

Tolle Tiere 164

Verrückte Forschung 190

Die wichtigsten Fakten 216

Register 220

Einleitung

Entdeck in diesem faszinierenden Buch viele wunderbare und verrückte Dinge. Erfahr mehr über die größten, verrücktesten und bösartigsten Menschen, die je gelebt haben. Wirf einen Blick auf die kuriosen Aspekte des Lebens, auf verrückte Ideen und technische Einfälle, die Menschen irgendwann in den Sinn kamen. Du lernst ungewöhnliche Tiere kennen und entdeckst Bereiche unseres Planeten, wo unglaubliche Dinge passieren. Und ganz außerirdisch wird es, wenn wir in den Weltraum vordringen.

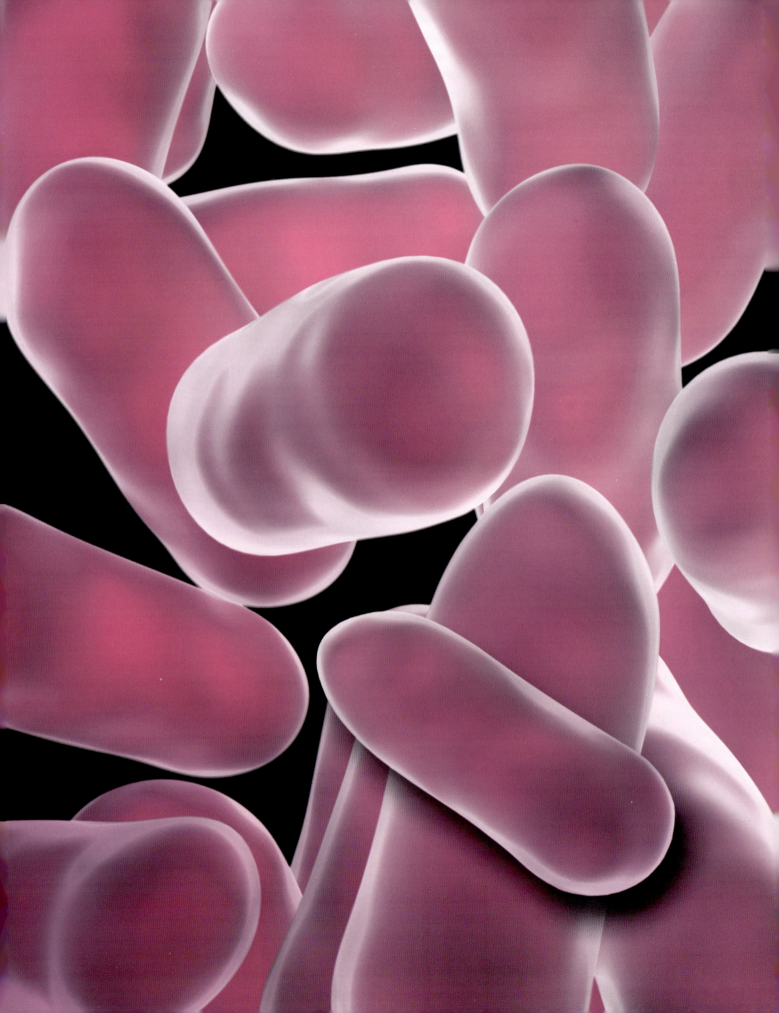

WUNDERWERK KÖRPER

Dein Körper ist ein Wunderwerk, in dem erstaunliche Dinge geschehen. Billionen von Bakterien helfen dabei mit, Dein Essen zu verdauen, und jedes Deiner Augen hat 130 Millionen lichtempfindliche Zellen. Das Ganze wird von dem Gehirn kontrolliert, das mehr Verknüpfungen hat, als es Sterne in unserer Galaxie gibt.

Super-Sinne!

Muskelkraft!

Geniales Gehirn!

WUNDERWERK KÖRPER

Geniales Gehirn

Unser Gehirn gleicht einem Klumpen dicker Spaghetti, doch es ist eines der erstaunlichsten Dinge überhaupt.

☛ Das Gehirn hat mehr Verknüpfungen, als es Sterne in unserer Galaxie gibt.

☛ Jedes Gehirn zeigt ein individuelles Muster von Windungen auf der Großhirnrinde.

Das Gehirn einer Frau macht durchschnittlich 2,5 Prozent ihres Körpergewichts aus, beim Mann sind es 2 Prozent. Meist sind männliche Gehirne aber schwerer, weil Männer größer als Frauen sind.

Gehirnnahrung

✏ Unser Gehirn besteht zu 80 Prozent aus Wasser.

✏ Ein Fünftel des eingeatmeten Sauerstoffs landet im Gehirn.

✏ Das Gehirn nimmt 25 Prozent der Blutversorgung in Anspruch.

✏ Rund 800 g Blut strömen pro Minute durch das Gehirn.

✏ Wissenschaftler können menschliche Hirnzellen im Labor züchten.

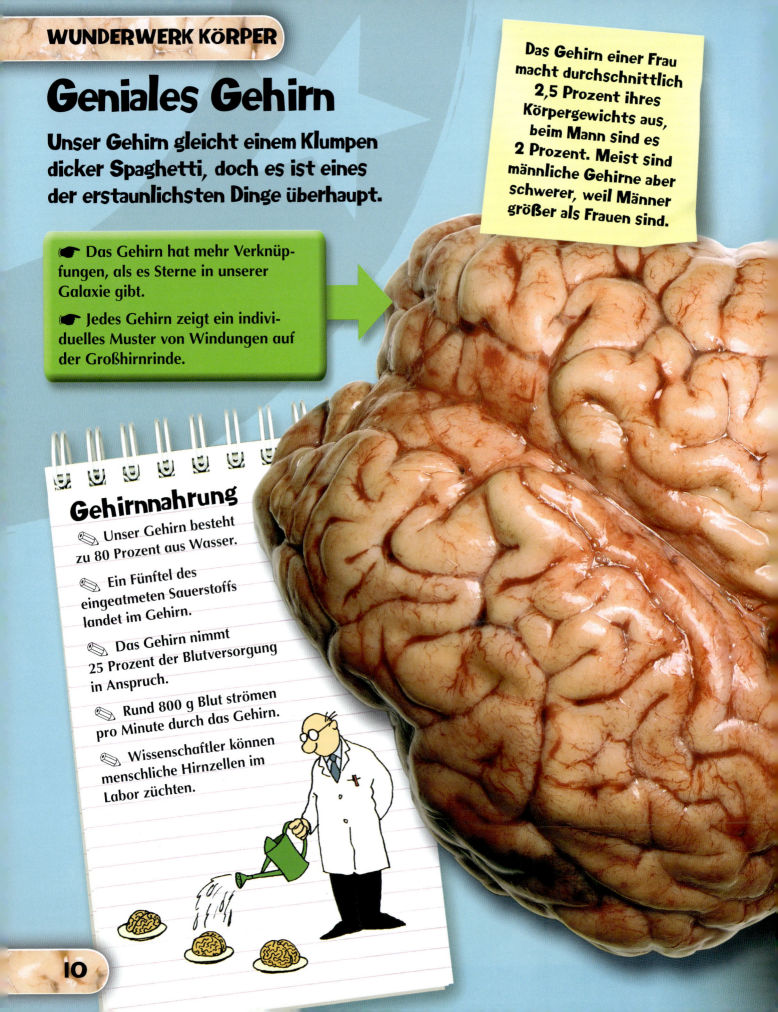

Chirurgen können Patienten bei vollem Bewusstsein am Gehirn operieren, denn das Gehirn ist schmerzunempfindlich.

DATEN NERVEN FAKTEN

☞ Nerven transportieren Botschaften in Form elektrischer Impulse.

☞ Aneinandergeknüpft, hätten unsere Nerven eine Gesamtlänge von 80 km.

☞ Nerven können Signale mit einer Geschwindigkeit von bis zu 90 m/s übermitteln.

☞ Bei einem Embryo wachsen pro Minute 250 000 neue Nerven.

☞ Nach der Geburt entstehen nur noch wenige neue Nerven. Wenn Du zehn Jahre alt bist, ist die Hälfte davon abgestorben. Aber keine Angst, es bleiben noch ausreichend Nervenzellen übrig.

➤ Dein Gehirn besteht aus 10 000 000 000 (10 Milliarden) Nervenzellen, den Neuronen.
➤ Jedes Neuron ist mit rund 25 000 anderen Neuronen verknüpft.

WUNDERWERK KÖRPER

Super-Sinne

Über Nase, Augen, Zunge und Tastsinn teilt uns der Körper mit, was um uns herum passiert.

Die US-Armee entwickelte 2001 eine Stinkbombe zur Bekämpfung von Krawallen. Als wirkungsvollster „Duft" erwies sich eine Kombination aus Kotgeruch und verfaulten Zwiebeln.

Super-Geruch
➤ In unserer Nase gibt es 1000 verschiedene Geruchsrezeptoren.
➤ Unsere Nase kann unendlich viele Aromen identifizieren.
➤ Der Duft von Himbeeren setzt sich aus 300 verschiedenen Stoffen zusammen.

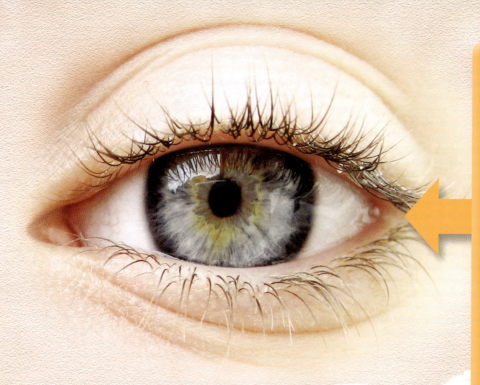

Super-Sicht

👉 Jedes unserer Augen verfügt über 130 Millionen lichtempfindliche Zellen, die alle auf der Fläche einer Briefmarke angeordnet sind.

👉 In der Netzhaut sitzen 5 Millionen Zapfen zur Farbwahrnehmung.

👉 Die Augen blinzeln 10–12-mal pro Minute, im ganzen Leben 415 Millionen Mal.

👉 Ein Auge hat rund 200 Wimpern.

👉 Ein Augapfel wiegt etwa 30 g und ist mit einer gelartigen Masse gefüllt.

Super-Gehör

✏️ Unsere Ohren können zwei Töne unterscheiden, die den zehnmillionsten Teil einer Sekunde auseinanderliegen.

✏️ Unser Gehör erfasst Töne im Bereich von 20 000 Hertz in der Höhe bis hinab zu 20 Hertz in der Tiefe.

✏️ Hunde können Töne von 50 000 bis 15 Hertz hören, Delfine sogar Töne von bis zu 120 000 Hertz.

✏️ Beim Tauchen oder während eines Fluges knacken unsere Ohren, weil sich das Trommelfell zur Anpassung an die Druckverhältnisse hin und her bewegt. So wird ein Platzen des Trommelfells verhindert.

Super-Tastsinn

✏️ Unsere Finger sind so sensibel, dass sie sogar Objekte erspüren, die sich nur einen tausendstel Zentimeter bewegen.

✏️ Unsere Haut besitzt 200 000 Wärme- und Kälterezeptoren, 500 000 Tastkörperchen und fast 3 Millionen Schmerzsensoren.

Super-Geschmack

➤➤ Unsere Zunge besitzt 8000 Geschmackspapillen.

➤➤ Sie kann süß, salzig, bitter, sauer und umami unterscheiden.

➤➤ Das japanische Wort „umami" beschreibt einen fleischig-herzhaften Geschmack.

➤➤ Unsere Zunge kann noch einen Tropfen Zitronensaft erschmecken, der in 129 000 Wassertropfen gelöst ist.

WUNDERWERK KÖRPER

Schuppige Haut

Die Haut, unser größtes Organ, schützt den Leib vor Umwelteinflüssen.

Dicke Haut

☞ Die Haut ist mit 2,5 bis 4,5 kg das schwerste Organ unseres Körpers.

☞ Ausgebreitet, würde unsere Haut eine Fläche von 1,5 bis 1,8 m² bedecken.

☞ An den Fußsohlen ist die Haut 6 mm dick, an den Augenlidern nur 0,5 mm.

Neue Haut

✎ Pro Minute stößt die Haut 30 000 bis 40 000 alte Hautzellen ab, und jeden Monat erneuert sich die äußere Hautschicht komplett.

✎ Jedes Jahr verliert man fast 1 kg Haut, eine ganze Keksdose voll.

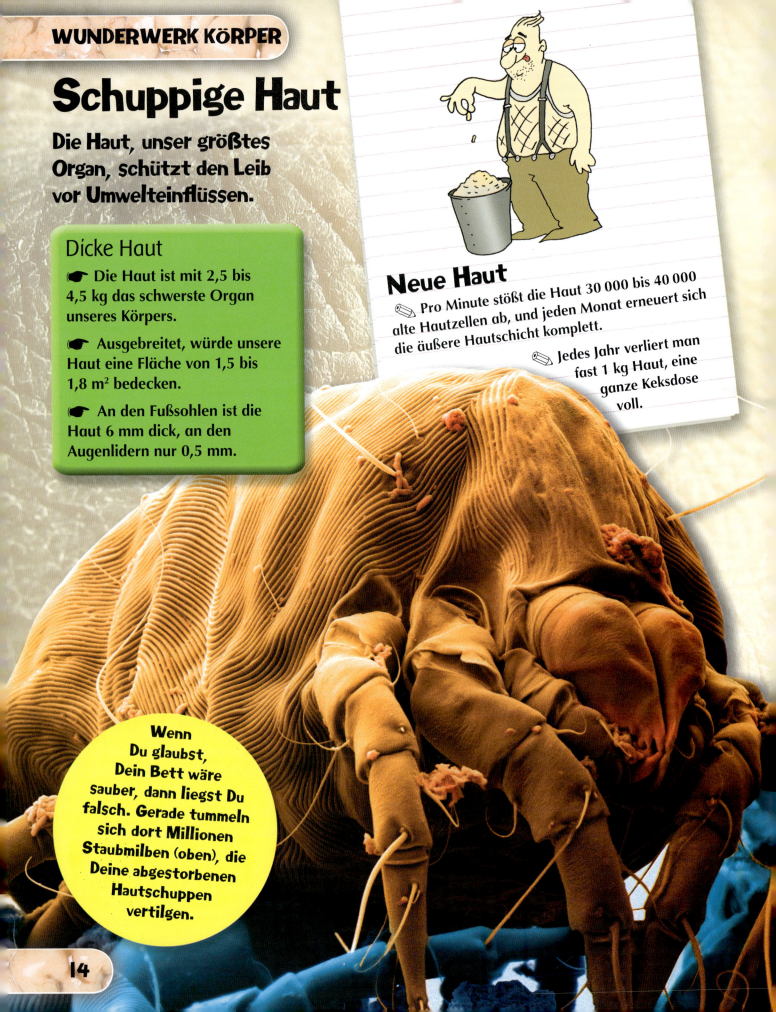

Wenn Du glaubst, Dein Bett wäre sauber, dann liegst Du falsch. Gerade tummeln sich dort Millionen Staubmilben (oben), die Deine abgestorbenen Hautschuppen vertilgen.

DATEN PICKEL FAKTEN

👉 Pickel bilden sich, wenn Talgdrüsen, die ein fettig-öliges Sekret produzieren, verstopfen.

👉 Mitesser sind dunkel, weil sich in den Drüsen Keratin (aus dem auch Haare bestehen) bildet, das den Talg herausdrückt und ihn mit der Luft in Kontakt bringt.

👉 Helle Pickel sind fast weiß, weil sie nur wenig Talg enthalten, der keinen Luftkontakt hat.

👉 Früher glaubte man, eine fett- oder zuckerreiche Ernährung sei schuld an Pickeln. Heute weiß man, dass andere Faktoren, wie Hormone, eine größere Rolle spielen.

Hausstaub besteht zu mehr als der Hälfte aus abgestorbenen Hautzellen. Auch Kopfschuppen bestehen aus verklumpten Hautpartikeln, die sich abgelöst haben.

➤ Sobald Blut gerinnt, helfen 16 Chemikalien mit, um es in trockenen Schorf zu verwandeln.

➤ Die Schorfbildung setzt 10 Sekunden nach einer Schnittverletzung ein.

WUNDERWERK KÖRPER

Wachsende Teile

Manche Teile unseres Leibes wachsen ständig und müssen regelmäßig geschnitten werden.

DATEN HAARE FAKTEN

☞ Haare sind die am schnellsten wachsenden Teile unseres Körpers.

☞ Auf Deinem Kopf wachsen rund 100 000 Haare.

☞ Blonde haben viel mehr Haare als Rothaarige, nämlich 150 000 gegenüber 90 000.

☞ Haare wachsen gut 1 cm pro Monat.

➤➤ Bei warmem Wetter wächst Dein Haar schneller.
➤➤ Die meisten Haare fallen aus, wenn sie etwa 90 cm lang sind.
➤➤ Ein Seil aus 1000 Haaren könnte einen Erwachsenen halten.

➤➤ Wenn Du Angst hast, richten Muskeln Deine Haare auf, um Dich so größer erscheinen zu lassen.
➤➤ Menschen haben genau so viele Körperhaare wie Schimpansen.

Buschige Bärte

☛ Als der Norweger Hans Langseth 1927 starb, war sein Bart fast 5 m lang.

☛ Barthaare sind die am schnellsten wachsenden Haare des Menschen. Einem Mann könnte so theoretisch im Lauf seines Lebens ein Bart von rund 9 m Länge wachsen.

☛ Unsere Haare bestehen aus der Hornsubstanz Keratin, genauso wie Finger- und Fußnägel, Hufe und Federn.

Fingernägel

✎ Ein Fingernagel braucht etwa sechs Monate, um vom Ansatz bis zur Spitze zu wachsen.

✎ Der Nagel am Mittelfinger wächst am schnellsten, der am Daumen am langsamsten.

✎ Deine Fingernägel könnten 27 m Länge erreichen, wenn Du sie nie im Leben schneiden würdest.

✎ Die längsten Fingernägel hatte der Inder Shridhar Chillal. Die Nägel seiner linken Hand waren zusammen über 6 m lang, bevor er sie abschnitt und für 200 000 Dollar im Internet anbot.

✎ Seit mindestens 5000 Jahren bemalen sich die Menschen ihre Fingernägel mit Nagellack.

WUNDERWERK KÖRPER

Körperflüssigkeiten

Unser Körper produziert reichlich Flüssigkeit, manchmal läuft er sogar aus.

➤➤ Die Atemwege im Körperinnern sind mit einem zäh-klebrigen Schleim ausgekleidet.

➤➤ Dieser Schleim kriecht mit 1 cm/h durch unsere Atemwege.

➤➤ Täglich schlucken wir rund 1 Liter Schleim.

➤➤ Schleim ist keine nutzlose, unangenehme Erscheinung. Unser Körper sondert ihn ab, um damit Schmutz zu binden und die Oberfläche unserer Atemwege zu schützen.

Kühe können 200-mal mehr Schleim produzieren als Menschen. Der Schleim der Kühe enthält ein Antibiotikum, das vielleicht als Medizin eingesetzt werden könnte.

Popel

☛ Popel bestehen aus ausgetrocknetem Nasenschleim. Sie enthalten auch Schmutzpartikel wie Staub, Pollen, Keime, Sand, Pilze und Rauchpartikel, die wir eingeatmet haben.

☛ Je nach Verschmutzung der Umgebung sind Popel unterschiedlich gefärbt.

Bei jedem Blinzeln befeuchten Tränen Deine Augen, zehnmal pro Minute. In einen Teelöffel passen 100 Tränen. Im Leben weint man rund 50 l Tränen, das sind rund 1 850 000 Tränen.

DATEN NIESEN FAKTEN

☞ Niesen ist ein Reflex, der automatisch abläuft und bei dem die Augen geschlossen werden.

☞ Beim Niesen wird Dein Kopf stärker als auf einer Achterbahn nach hinten geworfen.

☞ Manchmal sagen die Leute „Gesundheit", wenn man niest. Der Brauch stammt aus dem Mittelalter, wo das Niesen als Anzeichen der Pest galt.

☞ Manche Menschen, etwa jeder Vierte, müssen niesen, wenn sie in eine helle Lichtquelle schauen.

☞ Den Weltrekord im Niesen hält die Engländerin Donna Griffiths, die bei einem Niesanfall eine Million Mal hintereinander niesen musste.

➢ In unseren Ohren erzeugen rund 2000 Drüsen Ohrenschmalz.

➢ Ohrenschmalz kann grau, gelb, orange oder braun gefärbt und feucht oder trocken sein.

➢ Ständig wird neues Ohrenschmalz produziert, auch jetzt, während Du dies liest.

Beim Niesen werden Luft und Schleim mit 160 km/h aus der Nase geschleudert.

WUNDERWERK KÖRPER

Muskelkraft

Muskeln halten unseren Leib zusammen und ermöglichen uns Bewegungen.

Muskeln machen über 40 Prozent unseres Gewichts aus. Würden alle Muskeln des Körpers zusammenwirken, könnte man einen Bus heben.

Für ein Lächeln braucht man 17 Muskeln, für ein Stirnrunzeln 43. Im Gesicht gibt es viele kleine Muskeln, mit denen wir den Ausdruck steuern.

Der größte Muskel, Gluteus maximus, sitzt im Gesäß, das insgesamt aus drei unterschiedlich großen Muskeln besteht. Gluteus ist das lateinische Wort für „Gesäß".

➤➤ Die großen Muskeln bestehen aus Hunderten Bündeln kleiner Muskelfasern.
➤➤ Der längste Muskel ist der Schneidermuskel am Oberschenkel. Seinen Namen verdankt er den Schneidern, die früher im Schneidersitz arbeiteten und mit diesem Muskel ihre Beine kreuzten.
➤➤ Der flächenmäßig größte Muskel ist der am Oberkörper sitzende äußere schräge Brustmuskel.

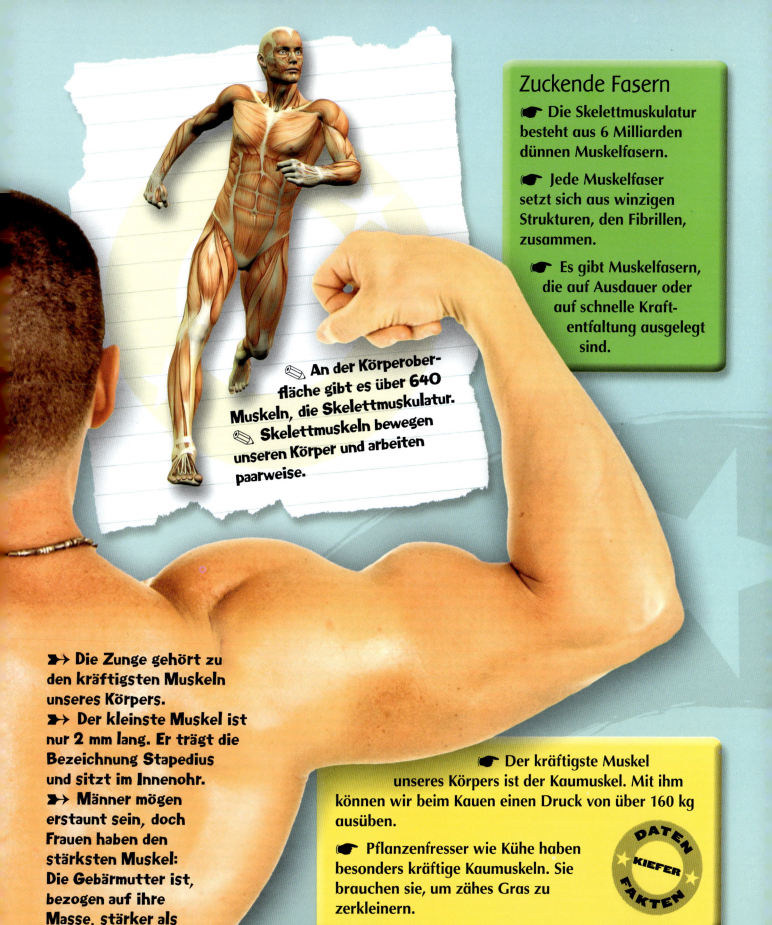

Zuckende Fasern

👉 Die Skelettmuskulatur besteht aus 6 Milliarden dünnen Muskelfasern.

👉 Jede Muskelfaser setzt sich aus winzigen Strukturen, den Fibrillen, zusammen.

👉 Es gibt Muskelfasern, die auf Ausdauer oder auf schnelle Kraftentfaltung ausgelegt sind.

✏️ An der Körperoberfläche gibt es über 640 Muskeln, die Skelettmuskulatur.

✏️ Skelettmuskeln bewegen unseren Körper und arbeiten paarweise.

➤➤ Die Zunge gehört zu den kräftigsten Muskeln unseres Körpers.

➤➤ Der kleinste Muskel ist nur 2 mm lang. Er trägt die Bezeichnung Stapedius und sitzt im Innenohr.

➤➤ Männer mögen erstaunt sein, doch Frauen haben den stärksten Muskel: Die Gebärmutter ist, bezogen auf ihre Masse, stärker als jeder andere Muskel.

👉 Der kräftigste Muskel unseres Körpers ist der Kaumuskel. Mit ihm können wir beim Kauen einen Druck von über 160 kg ausüben.

👉 Pflanzenfresser wie Kühe haben besonders kräftige Kaumuskeln. Sie brauchen sie, um zähes Gras zu zerkleinern.

DATEN KIEFER FAKTEN

WUNDERWERK KÖRPER

Eingeweide

Schauen wir uns an, wohin das Essen wandert, wenn Du es hinabschluckst.

DATEN ESSEN FAKTEN

☛ Die Nahrung rutscht innerhalb von acht Sekunden in den Magen.

☛ Der Magen braucht sechs bis sieben Stunden, um eine dreigängige Mahlzeit zu verdauen.

☛ In drei bis fünf Stunden wandert die Nahrung durch den Dünndarm.

☛ In 24 Stunden passiert unverdaute Nahrung die Eingeweide und wird ausgeschieden.

☛ Fett ist schwer verdaulich und bildet Klumpen. Erst die Galle, eine von der Gallenblase abgesonderte Flüssigkeit, kann das Fett im Darm aufspalten.

Ein durchschnittlicher Mensch isst im Lauf seines Lebens mehr als 30 t Nahrung. Das entspricht dem Gewicht von 80 Pferden, 6 Elefanten oder einem halben Blauwal.

➤➤ Die Nahrung wird mithilfe von Muskelkontraktionen durch die Speiseröhre transportiert – auch wenn man auf dem Kopf steht.

➤➤ Ein leerer Magen hat das Volumen von zwei Kaffeetassen. Nach einem üppigen Essen kann er mehr als 3 l fassen.

Der Dünndarm besitzt viele Ausstülpungen und hat dadurch eine sehr große Oberfläche zur Aufnahme der Nahrung. Glatt gebügelt, könnte man damit ein **Schlafzimmer** auslegen.

Säureangriff

✏️ Unser Magen produziert genug Säure, um ein Knochenstück innerhalb weniger Stunden aufzulösen.

✏️ Die in den Magensäften enthaltene Säure ist so stark, dass sie sogar Metall zersetzen kann.

✏️ Dein Körper erzeugt ständig Magensaft – pro Tag rund 6 l.

Darmdetails!

☛ Hintereinandergelegt, hätten Deine Gedärme fast die sechsfache Länge Deiner Körpergröße.

☛ Zwölffinger-, Leer- und Krummdarm bilden zusammen den Dünndarm.

☛ Der Dickdarm besteht aus Blind-, Grimm- und Mastdarm.

WUNDERWERK KÖRPER

Herz und Blut

Das Blut versorgt die Körperzellen mit Nährstoffen und entsorgt deren Abfallprodukte. Es wird vom Herz durch die Adern gepumpt.

Starke Pumpe

➤➤ Im Verlauf des Lebens pumpt das Herz 200 Millionen Liter Blut. Dies entspricht dem Inhalt eines Swimmingpools, in dem das 381 m hohe Empire State Building Platz hätte.

➤➤ Unser Herz schlägt rund 100 000-mal pro Tag; in einem Leben sind das rund 2,5 Milliarden Herzschläge.

➤➤ Drück einen Tennisball zusammen, bis es eine Delle gibt. Eine vergleichbare Kraft müssen die Herzmuskeln beim Pumpen des Bluts entwickeln.

➤➤ Die Kraft, die ein Herz an einem Tag entwickelt, würde reichen, um mit einem Auto 32 km weit zu fahren.

Alle Menschen haben eine der vier Blutgruppen A, B, AB oder 0. Zusätzlich unterscheidet man den an Rhesusaffen entdeckten Rhesusfaktor, der positiv oder negativ sein kann.

DATEN BLUT FAKTEN

☛ Ein Erwachsener hat eine Blutmenge von 5 bis 6 l, abhängig von seiner Körpergröße.

☛ Dein Blut zirkuliert durchschnittlich innerhalb von 60 Sekunden einmal im gesamten Körper.

☛ Pro Tag legt das Blut eine Strecke von 19 000 km zurück, das ist fast der halbe Erdumfang.

☛ Das größte Blutgefäß, die Aorta, hat etwa die Größe eines Gartenschlauchs. Die Aorta transportiert Blut vom Herzen zu den kleineren Blutgefäßen.

☛ Die kleinsten Blutgefäße, die Kapillaren, sind nur ein Zehntel so dick wie ein Kopfhaar.

➺ Blut besteht aus roten und weißen Blutkörperchen und winzigen Blutplättchen, die in dem gelblichen Blutplasma schwimmen.

➺ Die roten Blutkörperchen sehen wie winzige Knöpfe aus und sorgen für den Sauerstofftransport im Körper.

Weiße Blutkörperchen

☛ Weiße Blutkörperchen sind größer als die roten und an der Bekämpfung von Infektionen beteiligt.

☛ Die weißen Blutzellen werden im Knochenmark produziert. Der Körper bildet jeden Tag rund eine Milliarde davon.

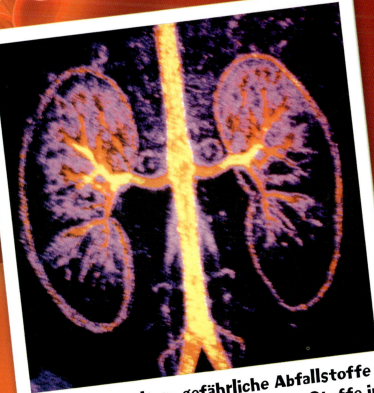

Die Nieren filtern gefährliche Abfallstoffe aus Deinem Blut. Sie wandeln diese Stoffe in Urin um, der sich in der Blase sammelt, bis man auf die Toilette geht.

WUNDERWERK KÖRPER

Dringende Geschäfte

Unser Körper braucht nicht nur Nahrung, er muss auch Schadstoffe loswerden.

Unbekannter Urin

☛ Die Harnblase kann sich mit ihrer dünnen Haut wie ein Ballon ausdehnen.

☛ Urin besteht überwiegend aus Wasser mit einem kleinen Anteil an Salz und Harnstoff.

☛ Harnstoff ist reich an Stickstoff, den Pflanzen zum Wachsen brauchen. Bauern sammeln den Urin der Nutztiere als Dünger.

Entlastung

✎ Pro Tag scheidet ein Mensch 1 bis 2 l Urin aus.

✎ Im Lauf eines Lebens könnte man damit ein kleines Schwimmbecken von rund 30 000 l Inhalt füllen.

➤➤ Ganz frischer Urin riecht nicht. Sobald er den Körper verlässt, zersetzt sich aber der Harnstoff und beginnt zu stinken.

➤➤ Der Uringeruch wird von dem Gas Ammoniak verursacht. Ammoniak findet sich in Riechsalz, Düngemitteln und Sprengstoffen!

Klogeschichten

➤➤ Ein Mensch verbringt sechs bis zwölf Monate seines Lebens auf dem Klo.

➤➤ Ein Erwachsener geht meist viermal pro Tag zur Toilette.

DATEN STUHL FAKTEN

☛ Normaler Kot besteht zu rund 75 Prozent aus Wasser, bei Durchfall ist er wässriger.

☛ Im Darm wird der Verdauungsmasse Wasser entzogen. Je länger sie im Darm bleibt, umso trockener wird sie.

☛ Ein Drittel des Kots bilden Bakterien, die bei der Verdauung halfen und abgestorben sind.

☛ Ein weiteres Drittel sind Verdauungsreste wie Zellulosefasern. Diese Ballaststoffe unterstützen den Transport des Stuhls durch die Darmmuskulatur.

☛ Der Rest sind Fette, tote Zellen, Salze, Schleim und Bakterien.

☛ Unser Kot ist braun, weil er die eisenhaltige Substanz Sterkobilin enthält, die aus den roten Blutkörperchen stammt.

☛ Kot mit hohem Fett- oder Gasanteil schwimmt.

Der Kot neugeborener Babys ist grün. Sie haben in der Fruchtblase im Mutterleib keinen Kot ausgeschieden, und so hat er sich über Monate mit Gallensaft angereichert.

WUNDERWERK KÖRPER

Erbrechen und Aufstoßen

Manchmal gibt unser Körper mehr von sich als gewünscht.

Erbrechen ist nicht so einfach. Zunächst drücken die Bauchmuskel auf den Magen, und langsam verstärkt sich der Druck auf den Mageninhalt. Dann öffnet sich plötzlich eine Klappe zur Speiseröhre, und der Mageninhalt wird erbrochen.

Erbrechen

- Unmittelbar vor dem Erbrechen wird vermehrt Speichel produziert. Dies soll die Zähne vor der Magensäure schützen.
- Der Brechreflex wird im Gehirn ausgelöst, wenn sich Gifte im Magen oder Blut befinden.
- Das Brechzentrum im Gehirn sorgt dafür, dass wir uns nach vorne beugen und den Mund öffnen. Eine sehr sinnvolle Maßnahme.
- Mäuse, Ratten, Hasen und Pferde sind die einzigen Säugetiere, die sich nicht erbrechen.

KOTZ-REZEPT
Zerkleinerte, halbverdaute Nahrung, vermischt mit Magenschleim und ätzenden, bitteren Verdauungssäften und etwas Speichel – fertig ist das Erbrochene!

Erbrochenes ist oft intensiv grünlich gefärbt, denn es enthält bittere Gallenflüssigkeit, die zur Verdauung von der Leber produziert wird.

Nausea, der medizinische Fachbegriff für Übelkeit, bedeutet auf Griechisch Seekrankheit.

DATEN RÜLPSER FAKTEN

☞ Rülpser entstehen durch vom Magen aufsteigende Gase.

☞ Die meisten Leute rülpsen 10- bis 15-mal am Tag.

☞ Durch Rülpsen entweicht täglich ein Viertel der Magengase.

☞ Ohne Rülpsen würde sich der Magen wie ein Ballon aufblähen.

☞ Bei einem Super-Rülpser wurden 118 Dezibel gemessen, die Lautstärke einer Autoalarmanlage.

WUNDERWERK KÖRPER

Privatzoo

In und auf unserem Körper leben Billionen winziger Organismen oder Mikroben.

Stinkefüße!
Füße stinken, weil Bakterien das feuchtwarme Klima in Socken und Schuhen mögen, und auch die abgestorbenen Hautzellen und den Schweiß. Bakterien sind für den Geruch von „Käsefüßen" verantwortlich.

Die trockene Haut ist normalerweise ein äußerst unfreundlicher Körperbereich für Bakterien. Nur rund 100 Bakterien finden sich pro Quadratzentimeter Hautfläche.

➤➤ In Deinem Mund leben mehr Mikroben als Menschen auf der Erde.

➤➤ Zu diesen Mikroben gehören Hunderte Arten von Bakterien, Pilzen, Protozoen und Viren.

➤➤ Das Bakterium Streptococcus mutans ist für Karies und Zahnverfall verantwortlich.

Belebte Eingeweide

✏️ In den Gedärmen wimmelt es nur so von Bakterien; wir tragen Billionen davon in uns.

✏️ Ein Gramm Flüssigkeit aus dem Dickdarm enthält rund 10 Billionen Bakterien.

✏️ Diese Darmbakterien produzieren das Vitamin K, das lebensnotwendig ist.

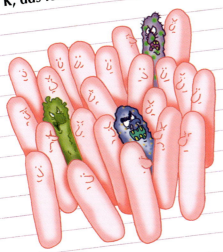

✏️ Die Bakterienart Lactobacillus acidophilus bekämpft schädliche Bazillen im Darm.

✏️ Reisende schlucken manchmal Kapseln mit Lactobacillus, um Durchfall vorzubeugen.

DATEN PUPSER FAKTEN

👉 Ohne die Bakterien in unserem Darm würden unsere Pupser nicht riechen.

👉 Sogenannte Methanbakterien spalten die Nahrung in den Eingeweiden auf und erzeugen dabei Methangas.

👉 Der Methan- und Wasserstoffgasanteil macht Pupser brennbar.

👉 Reines Methan ist geruchlos; für den Gestank sorgen kleine Anteile von Dimethylsulfid und Methanthiol – igitt!

👉 Durch Speisen wie Blumenkohl, Eier und Fleisch schaffst Du die beste Basis für nachhaltige Fürze.

👉 Im Durchschnitt produziert ein Mensch rund einen halben Liter Darmgase pro Tag, genug für etwa 14 Pupser.

WUNDERWERK KÖRPER

Werd erwachsen!

Unser Körper verändert sich vom Tag der Geburt bis zu unserem Todestag ständig.

DATEN BABY FAKTEN

☛ Babys haben doppelt so viele Geschmacksknospen wie Erwachsene.

☛ Männliche Babys wachsen in den ersten sieben Monaten schneller als weibliche.

☛ In den ersten 238 Lebenstagen wächst das Gewicht eines Ungeborenen um das Fünfmillionenfache.

☛ Im Mutterleib schlägt ein Baby Purzelbäume und kratzt sich mit den Fingernägeln.

☛ Der Kopf eines Babys hat bereits drei Viertel der Größe im Erwachsenenalter und macht ein Viertel seines Körpergewichts aus.

☛ Babys erkennen häufig, wenn jemand in einer fremden Sprache spricht.

☛ Nase und Ohren wachsen ein Leben lang weiter.

Windelwechsel

Ein neugeborenes Baby sondert innerhalb von 60 Stunden Ausscheidungen ab, die seinem eigenen Körpergewicht entsprechen.

Kindheit und Pubertät

➤➤ Im Alter von zwei Jahren verfügt unser Gehirn über doppelt so viele Neuronenverknüpfungen wie später als Erwachsene – es verbraucht auch die doppelte Energie.

➤➤ Im Frühjahr wachsen Kinder schneller.

➤➤ Man wächst mit unterschiedlicher Geschwindigkeit. In den ersten zwei Jahren ist das Wachstum sehr schnell, dann wird es langsamer und bei Teenagern wieder schneller.

➤➤ In Spitzenzeiten wachsen Jungs um fast 9 cm und Mädchen um bis zu 7,5 cm pro Jahr.

DATEN OLDIE FAKTEN

☛ Ein weibliches Baby in Australien hat heutzutage eine Lebenserwartung von 83 Jahren.

☛ 1901 war nur 1 Prozent der Weltbevölkerung älter als 60 Jahre, in Japan sind es heute 20 Prozent.

☛ Auf Sardinien werden anteilsmäßig mehr Menschen 100 Jahre alt als irgendwo sonst.

☛ Die britische Königin hat schon 100 000 Hundertjährigen gratuliert.

Älteste Menschen

Die Französin Jeanne Calmet starb 1997 im Alter von 122 Jahren. Es mag Menschen gegeben haben, die noch älter wurden, doch sind ihre Lebensdaten nicht genau belegt.

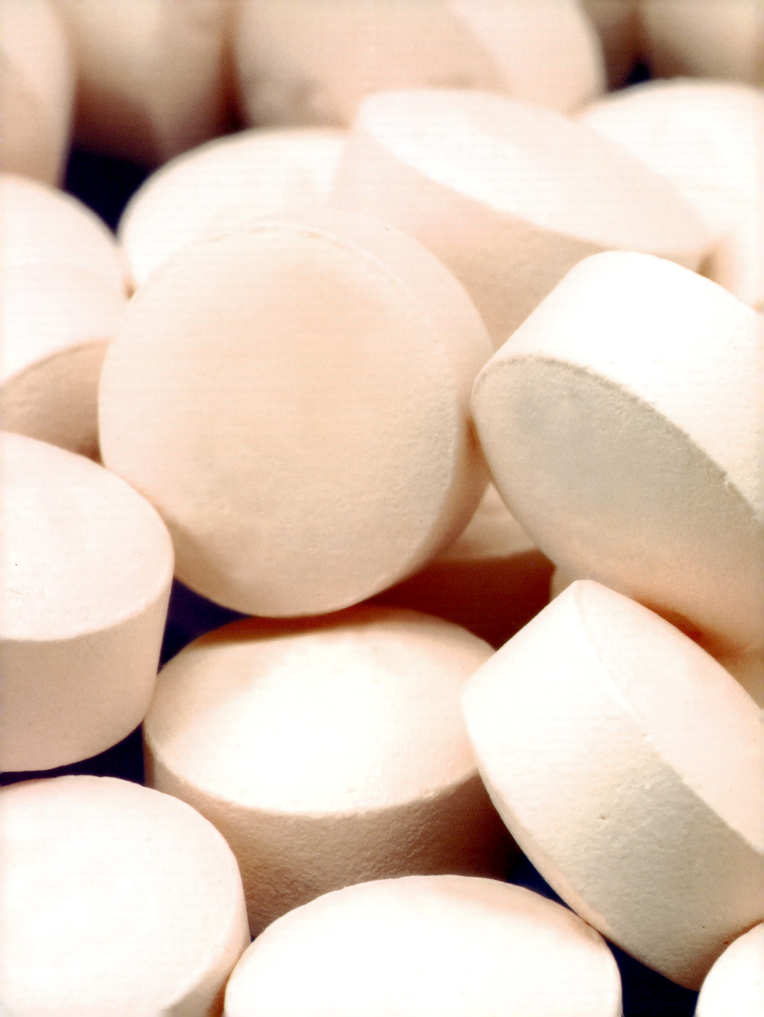

KRANKHEIT & GESUNDHEIT

Doktor, ich brauch 'ne tote Maus!

Die Ärzte der Antike hatten ausgefallene Ideen und erfanden wirklich verrückte Behandlungsmethoden.

Schröpfen
Vor 2000 Jahren setzten Ärzte in China den Patienten erhitzte Näpfe auf die Haut, um sie zu heilen. Dieses Schröpfen wird bis heute praktiziert.

Bei Ohrenschmerzen füllten Ärzte der Azteken flüssigen Kautschuk in das Ohr. Wenigstens konnte der Patient dann die Frage: „Tut es noch weh?" nicht mehr hören.

DATEN KÖRPERSÄFTE FAKTEN

☛ Im Altertum glaubten viele Ärzte, Körper und Temperament des Menschen würden von vier verschiedenen Körpersäften bestimmt. Sie bezeichneten diese Substanzen als schwarze Galle, gelbe Galle, Blut und Phlegma (Schleim).

☛ Bis ins 17. Jahrhundert dachten die Ärzte, ein Ungleichgewicht der Körpersäfte würde Krankheiten verursachen, und versuchten, es wieder auszubalancieren.

☛ Wenn man Fieber hatte, glaubten die Ärzte, dass dies an zu viel Blut im Körper liege. Und was machten sie? Einen Aderlass – sie öffneten die Venen und ließen Blut ab.

Die Trepanation, das Bohren eines Lochs in den Schädel, ist ein altes chirurgisches Verfahren. Es wird heute noch zur Entlastung bei Schwellungen des Gehirns eingesetzt.

Alte Heilkunst

☛ Im alten Assyrien durften Ärzte sich nicht irren. In den Gesetzen des Hammurabi steht: „Verursacht ein Arzt den Tod eines Menschen, soll er sich die Hände abschneiden."

☛ Assyrische Ärzte gaben den Patienten „Löwenfett" – tatsächlich war es Hammelfett.

☛ In der Steinzeit nähte man Wunden mit Knochennadeln und Sehnen als Faden.

Altes Ägypten

➤➤ Schon die alten Ägypter ersetzten fehlende Körperteile durch Holz, allerdings nur Zehen.

➤➤ Die Behandlung von Zahnschmerzen war damals noch schlimmer als der Schmerz selbst. Ägyptische Ärzte empfahlen, eine frisch getötete Maus auf das Zahnfleisch zu drücken.

➤➤ Auch gegen die nachlassende Sehleistung im Alter hatten ägyptische Ärzte ein passendes Rezept: Man musste sich die Augen mit zermatschtem Schildkrötenhirn und Honig einreiben.

KRANKHEIT & GESUNDHEIT

Quacksalber

Unfähige Doktoren werden als Quacksalber oder Kurpfuscher bezeichnet.

Quack, Quack

☛ Im 17. und 18. Jahrhundert priesen angebliche Doktoren ihre ebenso wirkungslosen wie teuren Wundermittel lautstark auf Märkten an.

☛ Im Niederländischen nannte man dieses Prahlen „kwakken", und so entstand der Begriff „kwakzalven" – Quacksalber.

Quecksilber

Im 17. Jahrhundert versuchte man, mit Quecksilber Syphilis zu behandeln. Schon Paracelsus hatte es gegen Hautausschlag eingesetzt – ohne Erfolg. Die Bezeichnung „Quacksalber" könnte sich also auch von dem flüssigen Metall Quecksilber ableiten.

DATEN QUACK-SALBER FAKTEN

☛ Um 1730 brachte Joanna Stephens ein Mittel gegen Harnsteine heraus. Ihre „Medizin" war eine Mischung aus Eierschalen, Seife, Honig und Kräutern. Man vermutet, dass der Kalk der Eierschalen hilfreich war, weil er den Urin entsäuerte und so die Steine auflöste.

☛ Im 19. Jahrhundert behandelte der amerikanische Arzt Samuel Thomson Kranke dadurch, dass er sie in Dampfbädern schwitzen ließ. Sie mussten auch Cayennepfeffer und Lobelienblüten essen, damit sie sich erbrachen.

Schlangenöl

✎ Quacksalber im Wilden Westen versuchten, durch den Verkauf des Wundermittels „Schlangenöl" reich zu werden.

✎ Schlangenöl aus dem Fett von Wasserschlangen war ein Mittel der traditionellen chinesischen Medizin bei Gelenkschmerzen.

✎ Als Chinesen das Mittel Anfang des 19. Jahrhunderts nach Nordamerika brachten, stellten Quacksalber einfach eigene Mixturen her, die natürlich völlig wirkungslos waren. Schlangenöl wurde in den USA zum Begriff für nutzlose Medizin.

Dr. Kellogg

☛ Dr. John Kellogg (1852–1943), Erfinder der Cornflakes, war ein strikter Verfechter gesunder Ernährung. Ein gut funktionierendes Verdauungssystem war für ihn der Schlüssel zur Gesundheit.

☛ Kellogg glaubte, 90 Prozent aller Krankheiten würden durch „Fäulnisprozesse unverdauter fleischlicher Nahrung", also von Fleischresten im Stuhl, ausgelöst.

☛ Er behandelte seine Patienten mit intensiven Wasserspülungen, die durch den Mund oder als Einlauf verabreicht wurden. Er „trichterte" einem Patienten in kurzer Zeit bis zu 68 l Wasser ein.

Um 1820 rieb John Long Tuberkulosepatienten mit Salbe ein. Änderte die Salbe dabei die Farbe, glaubte er, die Krankheit aus dem Körper „extrahiert" (herausgezogen) zu haben. Er starb an Tuberkulose.

Um 1780 versprach der britische Arzt James Graham, Ehepaare von Kinderlosigkeit zu heilen, indem sie eine Nacht in einem Bett zwischen starken Magneten verbrachten.

KRANKHEIT & GESUNDHEIT

Chirurgen und Bauchaufschneider

Vor der Einführung der Narkose war Chirurgie eine schmerzhafte Angelegenheit.

Dr. Tagliacozzi

☞ Wenn im Florenz des 17. Jahrhunderts jemand mit einem Arm herumlief, der am Kopf angenäht war, wusste man, er war Patient von Dr. Gaspare Tagliacozzi.

☞ Tagliacozzi transplantierte gesunde Haut vom Arm auf zerstörte Gesichtspartien. Allerdings dauerte es eine Woche, bis die Haut dort angewachsen war.

Amputation

➤➤ Eine Amputation von Gliedmaßen ohne Narkose bedeutet für einen Patienten unvorstellbare Qualen.

➤➤ Je schneller die Operation ablief, umso weniger litt der Kranke. Die besten Chirurgen waren die, die ein Bein am schnellsten absägen konnten.

➤➤ Um 1800 sägte der britische Chirurg Robert Liston ein Bein innerhalb von nur 28 Sekunden ab.

Bei der ersten Amputation unter Vollnarkose 1847 in London wachte der Patient Frederick Churchill nach der Abnahme seines Beins auf und fragte: „Wann geht's denn endlich los, Herr Doktor?"

Bauchaufschneider

☛ Früher nannte man Chirurgen aus verständlichen Gründen abfällig „Bauchaufschneider".

☛ In Großbritannien werden Chirurgen nicht mit „Doktor" angesprochen, weil sie früher keine studierten Mediziner waren.

☛ Chirurgen hatten früher eine große Säge für die Beinknochen und eine kleinere für die Armknochen bei sich.

Große Chirurgie

📖 In Indien bestrafte man im Altertum untreue Ehemänner dadurch, dass ihnen die Nase aufgeschlitzt wurde. Ein Chirurg namens Susruta verdiente ein Vermögen durch die Rekonstruktion von Nasen mit Haut der Stirn. Er vollzog die ersten Hauttransplantationen.

📖 1667 führte der Franzose Jean-Baptiste Denis die erste erfolgreiche Bluttransfusion an einem Menschen durch. Er nutzte hierzu Lammblut und wurde nach dem Tod seines Patienten wegen Mordes angeklagt.

📖 Im 4. Jahrhundert sollen die Heiligen Kosmas und Damian einem Kranken ein Bein transplantiert haben, um ihn vor einer Blutvergiftung zu retten.

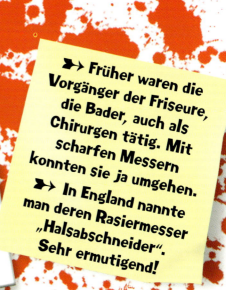

Die rot-weißen Säulen an amerikanischen und britischen Friseurläden stammen aus der Zeit, als Barbiere auch Operationen durchführten, bei denen Blut floss.

➤➤ Früher waren die Vorgänger der Friseure, die Bader, auch als Chirurgen tätig. Mit scharfen Messern konnten sie ja umgehen.

➤➤ In England nannte man deren Rasiermesser „Halsabschneider". Sehr ermutigend!

KRANKHEIT & GESUNDHEIT

Tödliche Pest

Vor einigen Jahrhunderten wurde Europa von schrecklichen Seuchen, vor allem der Pest, heimgesucht.

DATEN PEST FAKTEN

☛ Der „Schwarze Tod" wütete von 1347 bis 1351 während der Großen Pest in Europa und forderte rund 25 Millionen Opfer, das war ein Drittel der damaligen Bevölkerung. Ganze Städte wurden durch die Seuche ausgelöscht.

☛ Kleinere Pestepidemien gab es auch in späteren Jahrhunderten, bis die Menschen offenbar widerstandsfähiger wurden.

☛ Vermutlich handelte es sich bei dem „Schwarzen Tod" um die Beulenpest, denn als erste Symptome bildeten sich sogenannte Pestbeulen.

☛ Die Infizierten litten unter mit Eiter gefüllten Beulen, die an Armen, im Nacken und an den Leisten wuchsen. Diese geschwollenen Lymphknoten waren Teil der körpereigenen Infektionsbekämpfung.

☛ Bei einem besonders schweren Verlauf kam es zur sogenannten Pestsepsis. Die Haut verfärbte sich blutrot oder schwarz, und die Opfer starben wenige Stunden nach dem Auftauchen der Symptome.

➤➤ Man glaubte, die Pest werde durch faulige Winde und Berührung der Opfer übertragen. Daher banden sich die Ärzte mit Kräutern gefüllte, schnabelartige Metallmasken um. Außerdem trugen sie Mäntel und Handschuhe aus Leder.

➤➤ Tatsächlich konnte sich die Seuche auch durch Niesen verbreiten.

Ratten und Flöhe

☛ Ratten galten als die Verbreiter der Pest. Tatsächlich wurde sie aber von Flöhen übertragen.

☛ Der Pesterreger *Yersinia pestis* wurde von Flöhen auf Ratten übertragen. Wenn viele infizierte Ratten starben, suchten sich die Flöhe einen neuen Wirt und befielen Menschen.

☛ Die Flöhe übertrugen den Pesterreger durch Bisse.

☛ Bis vor hundert Jahren gab es in Britisch-Indien „Flohzähler", die ermittelten, wie viele Flöhe sich auf einer Ratte eingenistet hatten. Eine hohe Zahl kündigte eine drohende Pestepidemie an.

☛ Das Wärmeempfinden sagt den Flöhen, wann sie den Körper einer sterbenden Ratte verlassen müssen.

Die Große Pest von London

✎ London wurde 1665 und 1666 von einer Beulenpestepidemie heimgesucht. Rund 100 000 Menschen sollen der Großen Pest zum Opfer gefallen sein.

✎ Vermutlich kam die Seuche auf einem Schiff nach London. In den Elendsvierteln verbreitete sie sich blitzschnell.

✎ Am 2. und 3. September 1666 zerstörte das Große Feuer weite Teile Londons. Gleichzeitig setzte es der Pest ein Ende, denn auch die Ratten und ihre Flöhe wurden dabei getötet.

KRANKHEIT & GESUNDHEIT

Krankheiten

Unsere Lebenserwartung ist höher denn je, aber auch heute drohen tödliche Krankheiten.

Tödlicher Rauch

☛ Rauchen ist keine Krankheit, aber bestimmt ein Killer.

☛ Jährlich sterben 1,3 Millionen Menschen an Lungenkrebs, der in 87 Prozent der Fälle durch Rauchen entsteht.

Zwei von drei Einwohnern wohlhabender Länder sterben vorzeitig, weil sie zu viel Fett, Salz oder Zucker mit der Nahrung aufnehmen.

➤➤ Jede Sekunde kommt es zu einer neuen Infektion mit Tuberkulose (Tbc).

➤➤ Tbc tötet mehr Frauen als jede andere Krankheit.

➤➤ Heute ist jeder dritte Mensch auf der Erde mit Tbc infiziert.

Malaria

- Jede Minute sterben drei Menschen in Afrika an Malaria. Die meisten Opfer sind Kinder.
- Mehr als 300 Millionen Menschen erkranken pro Jahr an Malaria.
- Jede Sekunde wird ein Afrikaner von einer mit Malaria infizierten Mücke gestochen.
- Die meisten Malariakranken können sich die teuren Medikamente nicht leisten.

Malaria bedeutet auf Italienisch „schlechte Luft", denn früher glaubte man, faulige Sumpfgase seien die Ursache. Tatsächlich ist ein Parasit der Auslöser, der durch Mückenstiche übertragen wird.

Cholera

- Cholera ist nach dem griechischen Wort für Durchfall benannt.
- Cholera bekommt man oft durch verunreinigtes Wasser.
- Im Darm verhindert das Gift der Cholerabakterien die Aufnahme der Nährstoffe und verursacht Durchfall.

➤➤ Aids, heutzutage eine der tödlichsten Krankheiten, wird durch das HI-Virus verursacht. HIV steht für Humanes Immundefizienz-Virus.

➤➤ Mehr als 22 Millionen Menschen sind an Krankheiten gestorben, die durch Aids verursacht wurden.

Schutz vor Masern

☞ Die Masern sind eine hochinfektiöse Krankheit, die sich sehr schnell ausbreitet.

☞ Eine infizierte Person in einem Raum genügt, um alle anderen anzustecken, falls sie nicht gegen Masern geimpft sind.

KRANKHEIT & GESUNDHEIT

Grässliche Keime

Wenn wir nicht putzen, nisten sich rasch Milliarden winziger Keime in unserem Zuhause ein.

Keime

➤➤ Keime sind winzige Organismen, die Krankheiten bringen können.

➤➤ Man unterscheidet drei Arten von Krankheitserregern: Bakterien lösen Krankheiten wie Pest und Tuberkulose aus, Viren verursachen Grippe und Gelbfieber, Protozoen sind die Erreger von Krankheiten wie Malaria.

Bakterien

☛ 10 000 Bakterien, hintereinander aufgereiht, würden quer auf einen Fingernagel passen.

☛ Bakterien fühlen sich richtig wohl in eher ekliger Umgebung: in Kot oder an Beinen von Tieren wie Kakerlaken.

☛ Nicht alle Bakterien sind schädlich; viele leben ganz friedlich in unserem Darm.

➤➤ Der menschliche Körper ist für viele Bakterien ein angenehmes Zuhause: Er bietet die richtige Temperatur und energiereiche Nahrung.

➤➤ Bakterien ernähren sich oft von Fleisch, doch erst müssen sie die Haut durchdringen.

DATEN VIREN FAKTEN

☛ Viren sind winzige Genpartikel, die in Zellen eindringen und sich dort vermehren.

☛ Wissenschaftler sind darin uneins, ob Viren Lebewesen sind oder nicht. Viren können sich vermehren, aber nur mithilfe der Wirtszellen.

☛ Viren sind so klein, dass man sie nur mit Elektronenmikroskopen sehen kann.

☛ In einem Blutstropfen können bis zu 5 Milliarden Viren sein.

☛ Forscher wollen Krankheiten mithilfe von Viren heilen, die beispielsweise gefährliche Krebszellen abtöten könnten.

Schmutzige Büros

Einige Wissenschaftler behaupten, dass man in einem normalen Büro 400-mal mehr Keime findet als in einer Toilette. Nach Schätzungen tummeln sich auf einem Schreibtisch rund 3000 Mikroben pro Quadratzentimeter.

➤➤ Ein Niesen kann 6 Millionen Viren freisetzen, die mit den Tröpfchen herausgeschleudert werden.

➤➤ Dein Niesen entspricht einem starken Windstoß, der Zweige umknicken könnte.

KRANKHEIT & GESUNDHEIT

Fiese Erkältungen

Erkältungen sind die häufigsten Krankheiten überhaupt, und man sollte sie durchaus ernst nehmen.

Schnupfen-Statistik

☛ 90 Prozent der Menschen haben mindestens eine Erkältung pro Jahr.

☛ Kinder sind vier- bis achtmal jährlich erkältet, weil ihr Immunsystem noch weniger entwickelt ist.

☛ Erkältung ist die häufigste Ursache, warum Kinder in der Schule fehlen.

Erkältung

✎ Es gibt mehr als 250 Viren, die Erkältungen auslösen.

✎ Am weitesten verbreitet sind die Rhinoviren, die nach dem griechischen Wort für Nase benannt sind.

✎ Um uns zu infizieren, muss der Virus in unsere Nase vordringen. Das kann durch kleine Tröpfchen in der Luft beim Husten oder Schnäuzen passieren. Andere Viren setzen sich an der Hand fest und gelangen von dort in die Nase.

➤➤ Das erste Anzeichen einer Erkältung ist ein rauer Hals. Dann beginnt die Nase zu laufen, man hustet und niest – so bekämpft unser Körper die Infektion.

➤➤ Kommt dazu noch hohes Fieber, dann hat man vermutlich eine Grippe.

Grippe-Fakten

☛ Grippe wird wie Erkältungen durch Viren (siehe Bild) verursacht. Man kann sich gegen viele Grippearten impfen lassen.

☛ Leider gibt es Hunderte von Varianten des Grippevirus, die sich außerdem ständig verändern.

☛ Jedes Jahr tauchen neue Virenstämme auf, die beim Menschen Grippe auslösen. Man ist nie ganz sicher davor.

➤➤ Das im Mittelalter grassierende Schweißfieber war möglicherweise eine Grippe.

➤➤ Als Kolumbus 1492 die Grippe in Amerika einschleppte, kam es zu einer Epidemie.

Grippe-Pandemien

➤➤ Manchmal verändert sich ein auf Tiere spezialisierter Virus und befällt auch Menschen, wie bei der Vogelgrippe.

➤➤ Diese neuen Viren können eine Pandemie auslösen, eine weltweite Grippewelle, die Millionen Menschen töten kann.

➤➤ Im vergangenen Jahrhundert kam es 1918, 1947, 1957, 1968, 1977 und 1989 zu schweren Grippewellen.

➤➤ Die „Spanische Grippe", eine Pandemie, brach 1918 am Ende des Ersten Weltkriegs aus und forderte mehr Opfer als der gesamte Krieg.

KRANKHEIT & GESUNDHEIT

Fieser Ausschlag

Auf unserer Haut können sich eklige Pickel und Ausschläge bilden, die meist schlimmer aussehen, als sie sind.

Wenn man Pflanzen wie den Riesenbärenklau oder den Giftsumach berührt, bekommt man Blasen oder juckenden Hautausschlag, weil sie gefährliche Reizstoffe enthalten.

Ringelflechte

☛ Ringelflechte wird durch einen Pilz verursacht, der die Haut befällt.

☛ Der Bezeichnung Ringelflechte kommt von dem ringförmigen Ausschlag.

DATEN WARZEN FAKTEN

☛ Warzen sind kleine Geschwulste, die sich bevorzugt an Händen oder Füssen bilden. Meist sind sie harmlos und verschwinden von selbst.

☛ Warzen werden durch Humane-Papilloma-Viren (HPV) verursacht.

☛ „Vulgäre Warzen" sind kleine, raue Knötchen, die an Händen und Knien wachsen.

☛ „Juvenile Warzen" sind meist weiche Knötchen, die sich vorrangig bei Kindern und Jugendlichen an den Füßen bilden.

Kröten scheinen von hässlichen Warzen bedeckt zu sein, doch die Beulen auf ihrer Haut sind gar keine Warzen. Das Berühren einer Kröte verursacht auch keine Warzen.

Üble Akne

👉 Über 90 Prozent der Teenager bekommen Akne.

👉 Akne ist die häufigste Hauterkrankung in den USA.

👉 Typischerweise bricht Akne bei Mädchen im Alter von 11 und bei Jungen im Alter von 13 Jahren aus. Jungen sind durch den höheren Pegel des Hormons Testosteron stärker betroffen.

👉 Akne entsteht, wenn Talgdrüsen durch abgestorbene Hautzellen verstopft werden.

👉 Im Gesicht gibt es Bereiche mit bis zu 200 Talgdrüsen pro Quadratzentimeter. Jede Drüse kann zu einem Entzündungsherd werden.

Schmerzhafte Furunkel

✏️ Furunkel sind schlimmer als Akne. Sie bilden sich, wenn Staphylokokken durch eine Hautverletzung eindringen und eine Drüse oder Haarwurzel entzünden.

✏️ Wenn diese Bakterien eindringen, versuchen die Hautzellen, sie abzuwehren. Die Stelle wird rot und schmerzt.

✏️ Das Blut schafft weiße Blutkörperchen zur Bekämpfung der Keime herbei. Dabei bildet sich Eiter, die Stelle schwillt an, und ein schmerzhaftes Furunkel entsteht.

✏️ Bilden sich in einem Körperbereich mehrere dicht beieinandersitzende Geschwüre, entsteht ein sogenannter Karbunkel.

KRANKHEIT & GESUNDHEIT

Wunderbare Heilmittel

Die meisten wirksamen Medikamente sind heute der Natur abgeschaut.

DATEN ANTIBIOTIKA FAKTEN

☛ Antibiotika sind Medikamente, die Bakterien bekämpfen, ohne dem Patienten zu schaden. Sie haben viele Leben gerettet.

☛ Viele Antibiotika werden aus Schimmelpilzen gewonnen.

☛ Jährlich werden rund 250 Millionen Antibiotikaeinheiten von Menschen eingenommen. Nutztiere erhalten noch viel mehr davon.

☛ Durch übertriebenen Einsatz von Antibiotika können Bakterien eine Resistenz entwickeln und Antibiotika wirkungslos machen.

Alexander Fleming entdeckte 1928 das Antibiotikum Penicillin zufällig, als er bemerkte, dass Bakterien in einer Laborschale mit Schimmel abstarben.

Blutegel

☛ Im 19. Jahrhundert benutzten die Ärzte Blutegel, um Patienten Blut abzuzapfen.

☛ Heute setzen Chirurgen Blutegel bei Hauttransplantationen ein, denn der Speichel der Würmer verhindert die Blutgerinnung.

Steroide

➤➤ Steroide sind Naturstoffe, die der Körper nutzt, um sein Gleichgewicht zu erhalten. Synthetische Steroide haben denselben Effekt.

➤➤ Corticosteroide schützen vor Entzündungen. Sie werden bei Krankheiten wie Arthritis eingesetzt, die zu Gelenkschwellungen führen.

➤➤ Anabole Steroide fördern das Zellwachstum und werden verbotenerweise von Sportlern zur Leistungssteigerung eingenommen.

Aspirin

☞ Der Wirkstoff von Aspirin kommt auch in Weidenrinde vor.

☞ Bereits vor 2500 Jahren benutzten die alten Griechen Weidenrinde zur Linderung von Schmerzen und Fieber.

☞ Heute wird Aspirin aus Erdölprodukten hergestellt.

☞ Pro Jahr werden über 100 Milliarden Aspirintabletten geschluckt.

Hübsche Melkerinnen

Im 18. Jahrhundert waren Melkerinnen für ihre zarte, nicht von Pocken entstellte Haut bekannt. Möglicherweise infizierten sie sich im Stall mit den weniger starken Kuhpocken und entwickelten dadurch Antikörper gegen die gefährlichen Pocken.

➤➤ Getrocknete Feigen sind reich an Ballaststoffen. Diese helfen, unseren Körper vor Krankheiten zu schützen, weil sie die Verdauung fördern.

➤➤ Aber zu viele Ballaststoffe führen zu Blähungen, und frische Feigen können Durchfall verursachen.

KRANKHEIT & GESUNDHEIT

Sanfte Chirurgie

Die Chirurgie hat sich seit der Erfindung der Narkose vor 150 Jahren stark weiterentwickelt. Bald könnten sogar Roboter zum Einsatz kommen.

Augenchirurgie

☞ Häufig kann eine Fehlsichtigkeit durch die Korrektur der Augenlinse mit Laserstrahlen behoben werden.

☞ Manchmal misslingt der Eingriff, sodass eine Netzhauttransplantation erforderlich wird. Dafür wird das Auge eines verstorbenen Organspenders benötigt.

➤➤ Bei Operationen Anfang des 19. Jahrhunderts kam es häufig zu Todesfällen, weil die Chirurgen die Patienten infizierten.

➤➤ Heute ist der Schutz der Patienten vor Keimen oberstes Gebot.

Narkoseärzte geben Patienten oft Curare. Diese Substanz findet sich ähnlich auch in dem Gift, mit dem die Amazonasindianer ihre Pfeile für die Jagd präparieren.

☛ Das Da-Vinci-System ist ein Miniroboter, der über einen Einschnitt in den Körper eingeführt wird, um dort Operationen auszuführen. Der Chirurg steuert den Roboter über einen Computermonitor.

☛ Dank der Verbindungen über Glasfaserkabel und Satelliten kann ein Arzt über Tausende von Kilometern hinweg ferngesteuerte Operationen durchführen.

☛ Im Mai 2006 führte ein Roboter selbstständig eine Herzoperation aus.

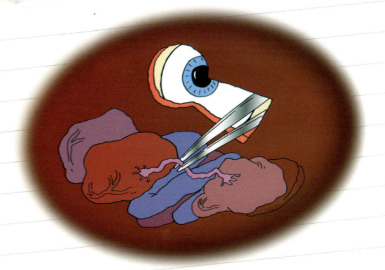

Laparoskopie

✎ Bei der Laparoskopie führen Chirurgen Instrumente durch einen kleinen Einschnitt in den Körper ein.

✎ Das Laparoskop ist ein Instrument mit einer Minikamera, die dem Operateur zeigt, was im Leib des Patienten passiert.

✎ Man nennt das Verfahren auch Schlüsselloch- oder minimalinvasive Chirurgie.

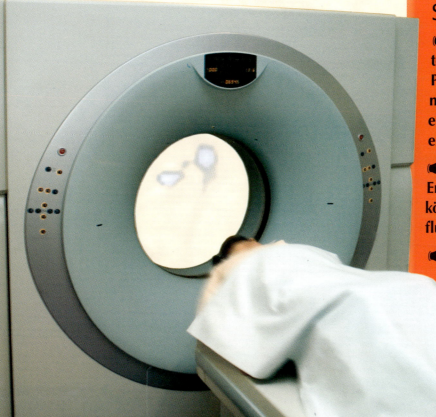

Super-Scanner

☛ Bei der Kernspintomografie gleitet der Patient durch einen Ring mit starken Magneten, die ein Bild des Körperinnern erzeugen.

☛ Mit der Positronen-Emissions-Tomografie können Forscher den Blutfluss im Gehirn erkennen.

☛ Die Raman-Spektroskopie ermöglicht es, einen Körper schnell auf Viren wie HIV zu untersuchen.

KRANKHEIT & GESUNDHEIT

Fast wie neu

Heute können viele Körperteile ersetzt werden. Vielleicht liefern bald Tiere solche Ersatzteile.

DATEN HERZ FAKTEN

☛ 1908 führte der Franzose Alexis Carrel die erste Herztransplantation an einem Hund durch und nähte ihm ein fremdes Herz am Hals an.

☛ Die erste erfolgreiche Herztransplantation am Menschen gelang dem Chirurgen Christiaan Barnard 1967 in Kapstadt. Der Patient lebte damit 18 Tage lang.

☛ 1981 wurden erstmals gleichzeitig Herz und Lungen transplantiert.

☛ 2005 gab es weltweit über 80 000 Menschen mit einem transplantierten Herzen.

☛ In den USA werden täglich sechs Herztransplantationen durchgeführt.

☛ Fünf von sechs Patienten überleben die Operation um mindestens ein Jahr, meist wesentlich länger.

☛ 1969 bekam ein Patient ein elektrisches Herz, um ihn am Leben zu halten, bis ein Spenderherz gefunden war. Heute leben Patienten oft monatelang mit einem solchen elektrischen „Ersatz"-Herzen.

Gentechnisch veränderte Schweine könnten bald Organe liefern, wenn die Gefahr der Abstoßung durch den menschlichen Körper beseitigt ist.

Tolle Transplantate

☛ Ein transplantiertes Organ kann vom Immunsystem des Körpers abgestoßen werden, da es dieses als gefährlichen Fremdkörper betrachtet.

☛ Nach einer Transplantation gibt man den Patienten Medikamente, um die Abstoßung des Organs zu verhindern.

☛ Ärzte können heute alle wichtigen Organe wie Herz, Lungen, Niere, Bauchspeicheldrüse und Leber verpflanzen.

☛ 2005 transplantierte man einer Frau nach einer schweren Hundeattacke Teile eines Gesichts (rechts).

☛ 1998 nähte ein französischer Chirurg einem Mann eine neue Hand an.

☛ Heute experimentieren Wissenschaftler mit der Verpflanzung tierischer Organe in Menschen.

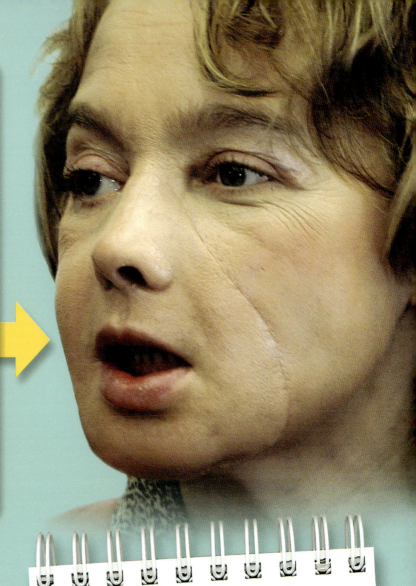

Und die Zukunft?

✎ Professor Robert White verpflanzt die Köpfe von Affen. Er glaubt, das eines Tages auch bei Menschen machen zu können.

✎ Mit Gewebezüchtungen in Labors möchte man bald neue Organe für Transplantationen herstellen.

KRANKHEIT & GESUNDHEIT

Bionische Körper

Eine Alternative zu Spenderorganen ist die Entwicklung künstlicher Organe und Körperteile.

Der batteriebetriebene Utah-Arm lässt sich durch Gedanken steuern. Seine Bewegungen werden von einem Computer kontrolliert, der auf Muskelzuckungen im verbliebenen Armstumpf reagiert.

Künstliche Organe

➡ Der niederländische Arzt Willem Kolff entwickelte im Zweiten Weltkrieg das erste mechanische Organ, eine künstliche Niere.

➡ Künstliche Nieren (Dialyseapparate) sind sehr groß, und die daran angeschlossenen Patienten müssen ruhig liegen. Man arbeitet an Geräten, die in den Körper eingepflanzt werden können.

➡ Auch eine künstliche Netzhaut (Retina) für Blinde wird erprobt. Der Patient trägt eine Brille mit einer Minikamera, die Bilder an die neue Retina liefert, die sie wiederum an das Gehirn weitergibt.

Prothesen

☞ Künstliche Körperteile nennt man Prothesen.

☞ Über Jahrhunderte hinweg gab es nur Prothesen wie beispielsweise Holzbeine. Heute stellen Wissenschaftler aus Material wie Titan und Kevlar raffinierte Prothesen her.

☞ 2004 verpasste man einem Delfin in Japan eine künstliche Rückenflosse.

☞ Die Bionik kombiniert Biologie und Technik, um künstliche Körperteile zu schaffen. 2002 bekam der Amerikaner Jesse Sullivan den ersten bionischen Arm, der über die Brustmuskulatur gesteuert wird.

☞ Die Armprothese erkennt Bewegungen der Brustmuskeln, die mit den Nerven verbunden sind, welche früher zu dem echten Arm führten.

Rudy Garcia-Tolson

☛ Obwohl ihm mit fünf Jahren beide Beine oberhalb der Knie amputiert wurden, spielt Rudy Garcia-Tolson heute Football und ist Schwimmathlet. Er läuft auch Rennen.

☛ Rudy Garcia-Tolson benutzt beim Sport und im Alltag unterschiedliche Beinprothesen.

☛ Rudys „Beine" sehen nicht wie echte aus. Sie sind aus Carbonfiber gefertigt, das sich biegt, federt und Stöße absorbiert.

☛ 2004 gewann er bei den Paralympics mit 15 Jahren eine Goldmedaille im Schwimmen.

Die Zukunft

✏ Forscher glauben, eines Tages jedes Körperteil ersetzen zu können, das Gehirn ausgenommen.

✏ In der Zukunft werden verstärkt bionische Teile direkt mit dem Gehirn verknüpft und von dort selbstständig gesteuert werden.

✏ Einige aus speziellen Werkstoffen gefertigte künstliche Körperteile werden stärker sein als die natürlichen.

✏ Winzige, in unser Gehirn eingepflanzte Computer könnten uns beim Denken unterstützen.

DIE HABEN WAS GEMACHT?

Hier werden einige der mutigsten und klügsten Leute vorgestellt, aber auch einige der übelsten. Helden wie Robert Bartlett marschierten 1000 km durch die Arktis, um Hilfe zu holen. Weniger freundlich war der spanische Prinz Don Carlos, er zwang einen Schuster, ein Paar Stiefel zu essen.

Echte Superhelden!

Gewiefte Diebe!

Genial – oder was?

DIE HABEN WAS GEMACHT?

Echte Superhelden

Es gibt viele Arten von Helden. Die einen halten große Eroberer für Helden, andere wagemutige Entdecker oder Kämpfer für die Armen.

Klassische Eroberer

☛ Der berühmte römische Feldherr Julius Cäsar (100–44 v. Chr.; links) eroberte viele Länder. Als Junge sollen ihn Räuber entführt haben, doch er konnte sie davon überzeugen, ihn freizulassen.

☛ Der griechische Heerführer Alexander der Große (356–323 v. Chr.) schuf ein Weltreich, das fast 4 Mio. km² auf drei Kontinenten umfasste.

☛ Alexander ließ beim Angriff auf Petra im heutigen Jordanien jeden Tag Eis aus den Bergen herbeischaffen, damit er immer kühle Getränke hatte.

DATEN REBELLEN FAKTEN

☛ Der schottische Freiheitskämpfer William Wallace (1270–1305) wurde hingerichtet. Seinen rechten Arm brachte man nach Newcastle, den linken nach Berwick, das rechte Bein nach Perth, das linke nach Aberdeen und den Kopf nach London.

☛ Seinen Sieg im Kampf um die Einigung Italiens feierte Giuseppe Garibaldi (1807–1882) mit einer Pizza.

☛ Toussaint L'Ouverture (1744–1803), Kämpfer für die Unabhängigkeit Haitis, verdankt seinen Spitznamen „der Öffner" seiner Fähigkeit, schwierigen Situationen zu entkommen.

George Washington (1732–1799) war der erste US-Präsident und der einzige, der einstimmig gewählt wurde. Er musste sich Geld leihen, um zu seiner eigenen Amtseinführung zu gelangen.

Simón Bolívar
Bolivien ist nach dem Freiheitshelden Simón Bolívar (1783–1830) benannt, der die Spanier aus weiten Teilen Südamerikas vertrieb.

Unerschrockene Forscher

☛ Als Christoph Kolumbus 1492 auf Kuba landete, war er davon überzeugt, in Indien angekommen zu sein. So kamen die Westindischen Inseln zu ihrem Namen.

☛ Dem Seefahrer Ferdinand Magellan gelang die erste Weltumseglung. Nach Hause schaffte er es nicht mehr, denn er wurde auf den Philippinen getötet. Nur 18 seiner 270 Besatzungsmitglieder überlebten.

☛ James Cook, der Entdecker Australiens, war vermutlich der erste Europäer, der Wellenreiter sah. Dies war bei seinem Stopp auf Tahiti im Jahr 1769.

☛ Als das Forschungsschiff *Karluc* 1913 vom arktischen Eis zermalmt wurde, marschierte Robert Bartlett rund 1000 km durch die Eiswüste, um Hilfe zu holen.

Arzt und Kämpfer

✎ Che Guevara (1928–1967) war ein argentinischer Arzt, der sich für die Armen einsetzte und als Guerillero auf Kuba an der Seite Fidel Castros kämpfte.

✎ Viele, die seine Ideen teilen, tragen T-Shirts mit dem berühmten Che-Foto, das Alberto Korda aufgenommen hat.

DIE HABEN WAS GEMACHT?

Die Großherzigen

Im Verlauf der Geschichte gab es immer Menschen, die ihr Leben in den Dienst der Bedürftigen gestellt haben.

Großartige Männer

➤➤ Mahatma Gandhi (1869–1948) wollte Indien friedlich von der britischen Herrschaft befreien. Aus Protest gegen das britische Salzmonopol marschierte er mit Tausenden Indern 400 km weit.

➤➤ Tenzin Gyatso ist als 14. Dalai-Lama das Oberhaupt der tibetischen Buddhisten. Aus seinem indischen Exil kämpft er friedlich für die Befreiung Tibets von der chinesischen Besetzung.

➤➤ Albert Schweitzer (1875–1965) machte den Respekt vor allem Leben zu seiner Philosophie. Er ging nach Afrika, um dort Kranken zu helfen.

Franz von Assisi

➤➤ Franz von Assisi (1182–1226) sah Tiere als seine Geschwister an. Er soll sogar zu Vögeln gepredigt haben.

➤➤ Franz soll mit einem gefährlichen Wolf Frieden geschlossen haben, unter der Bedingung, dass dieser nicht gejagt wird.

Barmherzigkeit im Krieg
Mary Seacole und Florence Nightingale arbeiteten im Krimkrieg (1853–1856) als Krankenschwestern und revolutionierten die Versorgung der Verwundeten.

DATEN GROSSE FRAUEN FAKTEN

☛ Die 16-jährige Johanna von Orléans (1412–1431; rechts) befreite mit einem Heer Orléans von den Engländern. Die Engländer verurteilten sie wegen Ketzerei – sie hatte Männerkleider getragen – zum Tod.

☛ Helen Keller (1880–1968) aus Alabama war taub und blind, setzte sich aber unermüdlich für Arme ein. Sie sagte: „Ich habe Fabriken und Slums besucht. Ich konnte das Elend nicht sehen, aber ich konnte es riechen."

☛ Mutter Teresa (1910–1997) widmete ihr Leben den Armen und Kranken in Indien; sie gründete Waisenhäuser und Leprastationen.

1994 wurde Nelson Mandela zum ersten schwarzen Präsidenten von Südafrika gewählt. Unter dem Apartheidregime der Weißen saß er 27 Jahre im Gefängnis.

Kampf um Bürgerrechte

☛ Rosa Parks (1913–2005) veränderte 1955 die USA, weil sie als Schwarze ihren Sitz in einem Bus nicht für einen Weißen freimachen wollte.

☛ Der Bürgerrechtler Martin Luther King (1929–1968) wurde ermordet, weil er für die Rechte der Schwarzen kämpfte.

☛ W. E. B. Du Bois (1868–1963) trat für die Rechte der Menschen mit afrikanischen Wurzeln ein.

DIE HABEN WAS GEMACHT?

Furchtbare Despoten

Einige blutdürstige, skrupellose und ganz einfach furchtbare Herrscher

Antike Tyrannen

➤➤ Herodes der Große soll, um Jesus zu töten, die Ermordung aller Knaben in Bethlehem befohlen haben.

➤➤ Ibrahim der Verrückte (1615–1648) ließ im Zorn seine 280 Frauen in Säcken in einen Fluss werfen.

➤➤ Mehmed IV. (1648–1687) ließ einen Schreiber über seine Herrschaft Tagebuch führen. An einem Tag gab es keine Eintragung. Mehmet erstach den Mann und sagte: „Nun gibt es etwas, was du aufschreiben kannst."

➤➤ Um nicht von Fliegen belästigt zu werden, stand immer ein mit Honig beschmierter Sklave neben dem ägyptischen Pharao Pepi II. (2284–2184 v. Chr.).

Elagabal

☛ Der römische Kaiser Elagabal (203–222) gab wüste Feste, bei denen die Gäste manchmal erstickten, wenn sich ein Blütenregen über sie ergoss.

☛ Seinen Feinden ließ er die Haut abziehen, bevor sie in Salzwasser getaucht wurden.

☛ Hatte er jemanden getötet, präsentierte er die Körperteile auf goldenen Schüsseln.

Commodus

☛ Der römische Kaiser Commodus (161–192) liebte es, als Gladiator zu kämpfen. Für seine Auftritte verlangte er so hohe Gagen, dass die Staatskasse stark belastet wurde.

☛ Schließlich ertrugen ihn die Römer nicht länger, und der Ringer Narcissus erdrosselte ihn im Bad.

Iwan der Schreckliche

➤➤ Der erste russische Zar Iwan IV. „Grosnij" (1530–1584) hat im Deutschen den Beinamen „der Schreckliche"; eigentlich heißt es auf Russisch „der Gestrenge".

➤➤ 1570 ließ Iwan die Stadt Nowgorod niederbrennen und alle Einwohner töten, weil er sie für Verräter hielt.

➤➤ Bei einem heftigen Streit erschlug er unabsichtlich seinen eigenen Sohn.

➤➤ Iwan ließ die Erbauer der Basiliuskathedrale blenden, damit sie nichts Vergleichbares schaffen konnten.

Juan de Rosas

☞ Juan Manuel de Rosas (1793–1877) vereinte Argentinien. Er war ein Diktator, der sogar die Hinrichtung einer hochschwangeren Frau anordnete.

☞ Jeder musste ständig ein rotes Band als Zeichen der Unterstützung für Juan de Rosas tragen.

Robespierre

➤➤ Maximilien de Robespierre (1758–1794) war ein rigoroser Verfechter der Französischen Revolution und wurde als „der Unbestechliche" bekannt.

➤➤ Er war oft zerstreut und goss einmal Suppe auf den Tisch, weil er nicht bemerkt hatte, dass gar kein Teller vorhanden war.

➤➤ Robespierre ließ in der Zeit der Schreckensherrschaft Tausende durch die Guillotine enthaupten. Am Ende wurde er selbst damit hingerichtet.

DIE HABEN WAS GEMACHT?

Übergeschnappte Könige

Wenn jeder tun muss, was man selber anordnet, kann man sich seltsame Verhaltensweisen erlauben.

Königliche Exzesse

☛ Der englische König Heinrich VIII. (1491–1547) hatte einen Diener, der ihm nach dem Toilettengang den Hintern putzte.

☛ Don Carlos (1545–1568), Sohn des spanischen Königs Phillip II., zwang einen Schuhmacher, ein Paar schlecht gemachte Stiefel aufzuessen.

☛ Ludwig II. von Bayern (1845–1886) ließ märchenhafte Schlösser bauen, die er aus seinem Privatvermögen bezahlte.

Zügellose Römer

➤➤ Nero (37–68; links) soll seine Mutter getötet haben, weil sie seiner Scheidung und der Hochzeit mit der Frau seines Freundes im Wege stand.

➤➤ Als seine Schwester starb, war Caligula (12–41) so erschüttert, dass er den Römern unter Androhung der Todesstrafe das Lachen verbot. Auch das Baden war untersagt!

➤➤ Um dem Senat seine Macht zu demonstrieren, ernannte Caligula sein Pferd zum Senator.

➤➤ Zur Unterhaltung seiner Gäste ließ Caligula bei Festmahlen zwischen den Gängen einen Verbrecher oder auch zwei enthaupten.

➤➤ Der gefräßige Kaiser Vitellius (15–69) gönnte sich vier Festessen pro Tag. Schließlich erstickte er am Schnabel einer Krähe, die er bei einem Bankett hinabschlang.

DATEN KAISER FAKTEN

☛ Kaiser Rudolf II. (1552–1612), dessen Krone hier abgebildet ist, sammelte Riesen und Zwerge.

☛ Napoleon Bonaparte (1769–1821), Kaiser der Franzosen, umgab sich mit besonders großen Leibwächtern. Vielleicht dachte man daher, dass er klein sei. Tatsächlich hatte er mit 164 cm für seine Zeit eine durchschnittliche Körpergröße.

Der Wahnsinn von Georg III.

Der britische König Georg III. (1738–1820) war geisteskrank. Eine Weile beendete er jeden Satz mit dem Wort „peacock" (Geck). Manchmal redete er stundenlang ohne Unterbrechung; angeblich sprach er mit Engeln.

Jean-Bedél Bokassa (1921–1996) sah sich als neuer Napoleon und erklärte sich zum Kaiser von Zentralafrika. Mit seiner Krönungsfeier trieb er sein Land in den Ruin.

▸▸ Jeder braucht ein Hobby: Der britische Thronfolger Prinz Charles ist ein guter Gärtner, der mit seinen Pflanzen spricht.

▸▸ Heinrich VIII. liebte Tennis. Weil er zu fett war, musste ihm ein Diener den Ball hochwerfen.

DIE HABEN WAS GEMACHT?

Kreative Künstler

Maler, Schriftsteller und Komponisten sind oft ein seltsames Völkchen. Nicht unbedingt die Leute, die man den Eltern vorstellen würde.

Schillernde Komponisten

- Beethoven (links) tauchte seinen Kopf in Wasser, bevor er komponierte.
- Beethoven soll sich ständig gewaschen, dann aber schmutzige Kleidung getragen haben.
- Kurz vor seiner tödlichen Erkrankung bat ein mysteriöser Unbekannter Mozart, ein Requiem zu komponieren. Mozart glaubte, es solle seine eigene Totenmesse werden.
- Fryderyk Chopin trug nur auf einer Gesichtshälfte einen Bart.
- Der Librettist Sir William Gilbert war vernarrt in eine Biene namens Buzfuz.

Exzentrische Dichter

- Der römische Dichter Vergil soll für eine Fliege ein aufwendiges Begräbnis ausgerichtet haben.
- Alfred Tennyson imitierte gerne einen auf der Toilette sitzenden Mann.
- Auf Friedrich Schiller soll der Geruch fauliger Äpfel inspirierend gewirkt haben.
- Oscar Wilde ging mit einem toten Hummer an der Leine spazieren.

Shakespeare der Worteschmied

☛ Wenn Shakespeare das passende Wort fehlte, erfand er es einfach. Insgesamt schuf er rund 1700 neue Wörter.

☛ Viele von Shakespeares Wortschöpfungen werden heute in der englischen Sprache ganz selbstverständlich verwendet.

DATEN MALER FAKTEN

☛ Nach einem Streit schnitt sich van Gogh aus Reue ein Ohr ab.

☛ Nachdem der Gerichtsvollzieher alle Möbel abgeholt hatte, malte sie sich der verarmte Whistler einfach an die Wände.

☛ L. S. Lowry war immer schäbig gekleidet. Gefragt, was er mit seinen alten Kleidern mache, antwortete er: „Ich trage sie."

☛ Salvador Dalí (rechts) hatte panische Angst vor Heuschrecken.

☛ In seiner Jugend besaß Dalí eine Fledermaus. Als sie von Ameisen gefressen wurde, entwickelte er eine Abscheu gegen Ameisen.

DIE HABEN WAS GEMACHT?

Gewiefte Diebe

Räuber sind manchmal schillernde Figuren, die sich dem Gesetz widersetzen und einem bürgerlichem Leben verweigern.

Außerhalb des Gesetzes

➤➤ Die Sage erzählt von Robin Hood, der im 14. Jahrhundert im Sherwood Forest in England lebte und Reiche beraubte, um den Armen zu geben.

➤➤ Die meisten Gelehrten meinen, dass es Robin Hood nie gegeben habe, doch nach neuesten archäologischen Funden könnte er durchaus gelebt haben.

➤➤ Ned Kelly war der berühmteste der Strauchdiebe, die im 19. Jahrhundert den australischen Busch auf der Suche nach Abenteuern unsicher machten.

Straßenräuber

☛ Im 18. und 19. Jahrhundert überfielen Straßenräuber in England Postkutschen und riefen: „Stehen bleiben und Geld her!"

☛ „Swift Nick" („Eiliger Nick") Nevison kam zu seinem Namen, weil er in 14 Stunden 300 km weit ritt, um sich ein Alibi für einen Raub zu verschaffen.

☛ H. Ainsworth schreibt in seinem Roman *Rookwood* diesen Parforceritt dem Straßenräuber Dick Turpin und dessen Pferd Black Bess zu, doch Turpin war in Wahrheit ein eher kleines Licht.

☛ Als Claude du Vall einmal eine Kutsche stoppte, machte er mit einer mitreisenden Dame Musik und verlangte dann von ihrem Ehemann Geld für die Unterhaltung.

Gangster

☛ Bonnie Parker und Clyde Barrow waren ein Liebes- und Gangsterpaar, das in den 1930er-Jahren wegen dreister Überfällen in den USA berüchtigt war.

☛ Der Gangster Al Capone bekam mit 15 den Spitznamen „Scarface" (Narbengesicht), nachdem ihm jemand nach einer Beleidigung das Gesicht aufgeschlitzt hatte.

Wilder Westen

➤ Butch Cassidy und Sundance Kid gehörten zu einer Gang, die Banken und Züge überfiel.

➤ Harry Longabaugh wurde Sundance Kid genannt, weil er in dem Ort Sundance beim Diebstahl geschnappt worden war.

➤ Wild Bill Hickock wurde erschossen, als er beim Poker gerade eine Königin, zwei Asse und zwei Achter in der Hand hielt – seither heißt dieses Blatt Dead Man's Hand.

Ronnie Biggs wurde in Großbritannien wegen der Beteiligung an dem Postzugraub 1963 (Beute ca. 50 Mio. Euro) verurteilt. Er entkam aus dem Gefängnis und floh nach Brasilien.

DATEN DIEBE FAKTEN

☛ Im 19. Jahrhundert stahl der brillante Bankräuber Adam Worth ein wertvolles Gemälde. Gewissensbisse plagten ihn, und er gab es zurück – 25 Jahre später.

☛ Der amerikanische Bankräuber Pretty Boy Floyd war bekannt dafür, ohne die kleinste Schramme jedem Hinterhalt der Polizei zu entkommen.

☛ John Dillinger bekam den Spitznamen „Jackrabbit" (Hase), weil er sich bei seinen Banküberfällen oft mit einem eleganten Sprung über den Tresen aus dem Staub machte.

DIE HABEN WAS GEMACHT?

Stinkreich

Wenn man reich genug ist, kann man sich fast alles leisten.

Ludwig, der Sonnenkönig
Der absolutistische Herrscher Ludwig XIV. (1638–1715), der Sonnenkönig, ließ in Versailles ein Schloss erbauen, das ein Viertel des Staatshaushaltes kostete.

Howard Hughes
☛ Howard Hughes (1905–1976), Sohn eines Ölbarons, nutzte sein Vermögen, um sich als Filmproduzent und Flieger zu betätigen.

☛ Als seine Frau eine aufgelesene Katze nicht behalten wollte, spendierte Hughes dem Tier ein Hotelzimmer. Sein Sekretär schrieb der Katze jeden Monat einen Brief.

☛ Bei Hughes musste Kuchen in akkurate, mit dem Lineal vermessene Quadrate geschnitten sein.

Verrückte Schlösser
☛ Der Zeitungsmilliardär William Hearst baute in den 1920er-Jahren in Kalifornien das Hearst Castle. Die Baukosten entsprachen etwa 1 Mrd. Dollar heute.

☛ Es ist eines der extravagantesten Anwesen der USA, mit 56 Schlafzimmern, 61 Badezimmern und 41 Kaminen.

DATEN LUXUS FAKTEN

👉 Dieser Bentley (rechts) kostet rund 330 000 Euro, nicht viel im Vergleich zum Bugatti Veyron für mehr als 1,2 Mio. Euro.

👉 Am Hyde Park in London kostet eine Wohnung 120 Mio. Euro.

👉 Die griechische Luxusjacht *Annaliese* kann man für knapp 100 000 Euro pro Tag chartern.

👉 Ein Essen im Restaurant Masa's in New York bekommt man ab 500 Dollar.

👉 Eine Nacht in der Luxussuite des MGM Grand Hotel in Las Vegas kostet 110 000 Dollar.

▶▶ Die indonesische Kaffeesorte Kopi Luwak kostet bis zu 1200 Euro pro Kilo. Sie entsteht, wenn Schleichkatzen die Bohnen fressen und unverdaut wieder ausscheiden.

▶▶ Das Kaufhaus Selfridges in London bietet ein Sandwich mit Fleisch vom Kobe-Rind für 120 Euro an.

Protzige Accessoires

▶▶ Die 550 000 Dollar für eine Uhr von Vacheron sind ein Klacks, verglichen mit den 24 Mio. Dollar, die kürzlich für eine mit Diamanten besetzte Chopard-Uhr bezahlt wurden.

▶▶ Das in Moskau gefertigte Diamond Crypto Handy mit Diamanten und Platingehäuse kostet 1 Mio. Euro – Telefongebühren nicht eingeschlossen.

▶▶ Das Kaufhaus Harrods in London bietet mit Rubinen besetzte Damenschuhe aus Platindraht an, die 1 Mio. Euro kosten – 500 000 Euro pro Fuß.

▶▶ Die Firma Trekstor entwarf einen vergoldeten, mit Diamanten verzierten MP3-Player. Sein Preis beträgt rund 20 000 Euro.

DIE HABEN WAS GEMACHT?

Grausame Killer

Die schlimmsten Mörder der Geschichte töteten für Geld, aus Liebe – oder einfach aus Spaß.

DATEN VLAD FAKTEN

☞ Graf Dracula, die Vampirgestalt aus dem Horrorroman, hatte den auf Burg Bran lebenden Vlad Dracul zum Vorbild.

☞ Der Fürst war als „Vlad der Pfähler" bekannt, weil er mehr als 20 000 Untertanen so töten ließ.

☞ Einmal lud Vlad Arme zu einem Essen ein. Dann verriegelte er den Raum und zündete das Haus an.

☞ Als Gäste die Hüte beim Essen aufbehielten, ließ Vlad die Hüte an ihre Köpfe nageln.

Jack the Ripper

➤➤ Jack the Ripper nannte man den unbekannten Mörder, der 1888 in London mindestens fünf Frauen tötete.

➤➤ In einem Brief an die Polizei brüstete sich ein Mann, der Killer zu sein. Unterschrieben hatte er mit Jack the Ripper.

➤➤ Es gab viele Theorien über die Identität des Rippers. Der Schriftsteller Arthur Conan Doyle vermutete eine Frau dahinter, die er „Jill the Ripper" nannte.

Leichenräuber

✎ Heute stiften Menschen ihren Körper für die medizinische Forschung. Im 18. und 19. Jahrhundert mussten sich Ärzte Leichen bei „Leichenräubern" kaufen, die sie aus Gräbern stahlen.

✎ Leichenräuber bezeichnete man scherzhaft als „Auferstehungsmänner".

✎ Manche konnten es nicht abwarten, bis jemand starb; sie beschleunigten die Sache durch Mord.

✎ William Burke und William Hare waren berüchtigte Leichenräuber und Mörder, die sich in den 1820er-Jahren damit brüsteten, Medizinstudenten in Edinburgh immer frische Leichen liefern zu können.

Serienmörder

☛ Seit Jack the Ripper gab es weltweit mindestens 100 Serienmörder.

☛ Einer der schlimmsten Serienkiller neuerer Zeit war der Russe Andrej Chikatilo, der zwischen 1978 und 1990 53 Menschen umbrachte.

☛ Pedro Alonso Lopez ermordete in den 1970ern und 80ern in Kolumbien, Peru und Ecuador 300 junge Mädchen.

☛ Der britische Arzt Harold Shipman wurde 2000 wegen der Ermordung von 236 Patienten verurteilt.

Als man 1910 in London eine Leiche fand, war der Mörder, Dr. Crippen, bereits auf einem Schiff nach Kanada. Er war der erste Verbrecher, der per Funkspruch verhaftet wurde.

DIE HABEN WAS GEMACHT?

Überlebenskünstler

Menschen haben selbst aussichtslose Situationen überlebt. Wir können Unglaubliches leisten, wenn wir dazu gezwungen sind.

Überleben auf See

➤➤ Als 1799 die Mannschaft der *Bounty* meuterte, wurden Kapitän Bligh und einige andere in einem kleinen Boot im Pazifik ausgesetzt. Bligh führte seine Crew 5500 km über den Ozean.

➤➤ 1915 wurde das Schiff *Endurance* von Ernest Shackleton vom Eis der Antarktis zerdrückt. Shackleton und einige Männer segelten in einem kleinen Boot durch das Polarmeer, um Hilfe zu holen.

➤➤ Nachdem 1973 ihre Jacht im Pazifik gekentert war, überlebten Maurice und Maralyn Bailey 117 Tage in einem Schlauchboot. Sie ernährten sich von Fischen, die sie mit einer Sicherheitsnadel angelten.

Auftrag ausgeführt

Bei einer Geheimmission im Zweiten Weltkrieg musste der US-Pilot Eddie Rickenbacker notwassern. Nach einem Monat auf See wurde er gerettet; seine Mission war erfolgreich.

Der echte Robinson

☛ Daniel Defoes Geschichte von Robinson Crusoe wurde vom Schicksal Alexander Selkirks inspiriert. Der Seemann hatte vier Jahre auf einer einsamen Insel überlebt, bevor er 1709 gefunden wurde.

☛ Zunächst lebte er in einer Höhle am Strand, doch Seelöwen vertrieben ihn. Er hielt Ziegen und zähmte Wildkatzen.

☛ Als die ersten Schiffe vorbeikamen, musste sich Selkirk verstecken, denn es waren verfeindete Spanier, die ihn getötet hätten.

Als 1970 die Raumkapsel *Apollo 13* durch eine Explosion beschädigt wurde, musste die Mannschaft bei bitterer Kälte mit wenig Sauerstoff den Rückflug überstehen.

Überleben in den Anden

Nach einem Flugzeugabsturz 1972 in den Anden überlebten 16 Passagiere im Hochgebirge nur, weil sie das Fleisch der Absturzopfer aßen. Zwei Überlebende marschierten zehn Tage, um Hilfe zu holen.

Extremsituationen

✏️ Bei einem Fallschirmsprung 1999 versagte der Schirm von Joan Murray. Sie stürzte auf einen Hügel von Feuerameisen, deren Bisse ihr Herz in Gang brachten und ihr das Leben retteten.

✏️ 2003 wurde Aron Ralstons Hand unter einem Felsen eingequetscht. Er musste sich die eigene Hand mit dem Taschenmesser amputieren, um freizukommen.

✏️ Der Vietnamese Bui Duc Phuc wurde 2004 beim Fischen von der Strömung aufs Meer gezogen. Er überlebte 14 Tage, weil er seinen Urin trank.

DATEN – ÜBERLEBEN – FAKTEN

👉 Als sich 1985 Joe Simpson in den Anden ein Bein brach, versuchte sein Kamerad Simon Yates, ihn abzuseilen. Simpson rutschte über ein Klippe, und Yates durchschnitt das Seil, um nicht selbst abzustürzen. Überzeugt davon, Simpson sei tot, marschierte Yates weiter. Doch Simpson überlebte den Sturz in eine Gletscherspalte und kroch in drei Tagen zum Lager zurück.

👉 Mauro Prosperi lief 1994 bei einem Marathon in der Sahara mit, als er sich in einem Sandsturm verirrte. Er marschierte 200 km und überlebte zehn Tage ohne Wasser, weil er das Blut zweier Fledermäuse trank.

➤➤ Im Mai 2005 erlitten 88 Flüchtlinge im Pazifik Schiffbruch. Sie wurden gerettet, weil die Küstenwache ihre Flaschenpost fand.

DIE HABEN WAS GEMACHT?

Genial – oder was?

Ob hochintelligent oder etwas verrückt, die größten Geister der Geschichte betrachten die Welt mit anderen Augen.

Verschrobene Griechen

➤➤ Der Philosoph Platon war ein Perfektionist. Die Einleitung zu seinem Werk *Der Staat* überarbeitete er mindestens 50-mal.

➤➤ Platon schrieb über den versunkenen Inselstaat Atlantis. Viele haben nach dem echten Atlantis gesucht, doch bislang blieb es unentdeckt.

➤➤ Der Philosoph Diogenes lebte angeblich in einer Tonne und benahm sich in der Öffentlichkeit wie ein Hund. Leuten, die er nicht mochte, pinkelte er ans Bein.

➤➤ Als Alexander der Große Diogenes fragte, was er für ihn tun könne, antwortete dieser nur: „Geh mir aus der Sonne."

➤➤ **Mozart** (oben) konnte sich, nachdem er Allegris großes Werk *Miserere* nur einmal gehört hatte, an jede Note erinnern.

➤➤ Der Pianist **Franz Liszt** konnte 21 dreistündige Konzerte auswendig spielen.

DATEN GENIES FAKTEN

☛ **Leonardo da Vinci** war seiner Zeit weit voraus. Er entwarf Pläne für einen Fallschirm, Hubschrauber, Panzer, ein Maschinengewehr und ein Flugzeugfahrgestell. Er war Linkshänder und schrieb rückwärts in Spiegelschrift.

☛ **Isaac Newton** ist für seine Beiträge zur Mathematik und Physik weltbekannt. Er erfand aber auch die Katzentür. Sein Haus hatte zwei davon.

☛ Der amerikanische Wissenschaftler und Politiker **Benjamin Franklin** erfand den Schaukelstuhl, den Blitzableiter und die Bifokalbrille.

Lass das Licht an!

Der Erfinder Thomas Edison fürchtete sich im Dunkeln. Vielleicht arbeitete er deshalb an der Entwicklung der Glühlampe. Zudem erfand Edison den Phonographen (rechts) zur Aufzeichnung von Schallwellen.

DATEN WISSENSCHAFT FAKTEN

☛ Marie Curie (links) entdeckte die radioaktive Strahlung. Sie erhielt als erster Wissenschaftler zwei Nobelpreise.

☛ Albert Einsteins Gehirnbereich für logisches Denken lag 15 Prozent über der durchschnittlichen Größe.

☛ Obwohl durch eine Nervenerkrankung fast völlig gelähmt, verfasste der Physiker Stephen Hawking das meistverkaufte wissenschaftliche Sachbuch: *Eine kurze Geschichte der Zeit* erklärt die Astrophysik.

Junger Meister

Großmeister ist der höchste Titel, den ein Schachspieler erringen kann. Seit 1914 haben das nur 900 Spieler geschafft. 2002 wurde Sergej Karjakin aus der Ukraine mit erst 12 Jahren und 7 Monaten der jüngste Großmeister aller Zeiten.

DIE HABEN WAS GEMACHT?

Grobe Schnitzer

Durch dumme Fehler kann man vieles verlieren: Geld, Wettkämpfe oder auch das Leben.

Berühmte letzte Worte

☛ Colonel John Sedgwick, Befehlshaber im amerikanischen Bürgerkrieg, sagte 1864 bei Spotsylvania: „Auf diese Entfernung treffen die nicht mal einen Elefanten." Unmittelbar darauf wurde er von einem Scharfschützen getötet.

☛ „Ich kann einfach nicht einschlafen", sagte J. M. Barrie, der Autor von Peter Pan, kurz bevor er für immer entschlief.

Am Little Bighorn wurde General Custers Truppe 1876 von den Indianern der Sioux und Cheyenne vernichtet. Custer wurde das Opfer seiner taktischen Fehleinschätzung.

DATEN WIRTSCHAFT FAKTEN

☛ Als man 1991 den Besitzer des britischen Juwelierunternehmens Ratner fragte, warum er seinen Schmuck so preiswert anbieten könne, meinte er, die Sachen seien halt Plunder. Daraufhin brach der Umsatz ein, und er musste die Firma verlassen.

☛ Der Staubsaugerhersteller Hoover versprach 1991 jedem, der für 185 Dollar Hoover-Produkte kaufte, einen Freiflug nach Europa. Viele der Tickets waren teurer als 185 Dollar, sodass die Aktion Hoover rund 88 Mio. Dollar kostete.

☛ 2005 unterlief einem Aktienhändler der japanischen Firma Mizuho ein katastrophaler Tippfehler: Er verkaufte 610 000 Aktien für einen Yen, anstatt eine Aktie für 610 000 Yen. Mizuho büßte fast 1 Mrd. Euro ein.

Den Sieg schon vor Augen

Beim Grand National 1956 lag das Pferd Devon Loch in Führung, als es kurz vor dem Ziel einen Sprung über ein imaginäres Hindernis machte und zusammenbrach.

Sport

➜ Beim Super Bowl 1993 feierte Leon Lett von den Dallas Cowboys vorzeitig den Touchdown, als ihn ein Gegner attackierte und die Punkte verloren gingen.

➜ 2006 brach sich der Fußballer Chris Bass die Nase und schoss ein Eigentor, als er einen Ball abwehren wollte.

Bush-Sprüche

➜ US-Präsident George W. Bush (unten) ist berühmt für seine sprachlichen Schnitzer. „Wer ungesetzlich in unser Land kommt, verletzt das Gesetz." Ein Satz zum Nachdenken, Mr Bush!

➜ Zu der Frage, wie ihn künftige Generationen beurteilen werden, meinte er: „Du wirst deine Lebensgeschichte erst kennen, wenn du gestorben bist."

Verrückte Wissenschaftler

☛ Die um 1910 gefundenen Knochen des Piltdown-Menschen galten als fehlendes Glied zwischen Affen und Menschen. 1953 wurde die Fälschung aufgedeckt: Es handelte sich um einen Menschenschädel mit dem Kiefer eines Orang-Utans.

☛ Mehr als 70 Jahre hielt man Spinat für besonders reich an Eisen, doch Dr. van Wolf hatte sich um eine Kommastelle vertan.

☛ 2006 glaubten Forscher, die Rinderkrankheit BSE sei auf Schafe übergesprungen. Dann stellte sich heraus, dass sie Gehirne von Kühen und nicht von Schafen untersucht hatten.

DIE HABEN WAS GEMACHT?

Herausragende Athleten

Mit großen Anstrengungen haben Sportler Großartiges erreicht.

Im antiken Griechenland traten die Athleten nackt zum Wettkampf an. Gymnastik leitet sich vom Wort „gymnos" (nackt) ab.

Jesse Owens gewann bei der Olympiade 1936 in Berlin vier Goldmedaillen in Lauf- und Sprungdisziplinen. Eine Leistung, die erst Carl Lewis 1984 wiederholen konnte.

Babe Ruth

 Baseball-Schlagmann George Ruth bekam den Spitznamen „Babe", nachdem ihn Manager Jack Dunne 1914 für die Baltimore Orioles engagiert hatte. Man bezeichnete den Neuzugang als „Jacks neuestes Baby".

 In der Saison 1927 gelang Ruth mit 60 Homeruns ein Rekord. Dieser Rekord bestand 34 Jahre lang.

 1998 wählte die Zeitung *The Sporting News* Babe Ruth zum größten Baseballspieler aller Zeiten.

DATEN SPORTLERINNEN FAKTEN

👉 Stella Walsh gewann bei der Olympiade 1932 Gold über 100 m für die USA. Nach ihrem Tod 1980 ergab die Autopsie, dass sie ein Mann war.

👉 Jackie Joyner-Kersee war die beste Athletin des 20. Jahrhunderts. Sie gewann sechsmal olympisches Gold und dominierte den anspruchsvollen Siebenkampf.

👉 Mildred „Babe" Didrikson war eine hervorragende Allroundsportlerin: Sie begann mit Basketball, gewann 1932 zweimal olympisches Gold in Laufwettbewerben, glänzte in Tennis, Baseball, Golf und Billard.

👉 Die 14-jährige rumänische Turnerin Nadja Comaneci erzielte bei der Olympiade in Montreal 1976 als erste überhaupt die Traumnote 10.

Tennis

✏️ Martina Navratilova hält mit neun Einzelsiegen in Wimbledon den Rekord.

✏️ Insgesamt holte Navratilova in ihrer Karriere 167 Einzeltitel, mehr als jeder andere Tennisspieler.

✏️ Der Amerikaner Pete Sampras gewann 14 Grand-Slam-Turniere, ein Rekord.

✏️ Der Australier Rod Laver gewann in den Jahren 1962 und 1969 jeweils die vier Grand-Slam-Turniere.

Fußball

➡️ Der brasilianische Stürmer Pelé schoss im Durchschnitt bei jedem Länderspiel ein Tor für Brasilien. Insgesamt gelangen ihm 90 Hattricks.

➡️ Pelé holte mit Brasilien dreimal den Weltmeistertitel.

➡️ Der Ukrainer Nikolai Kutschenko hielt einen Ball 24 Stunden und 30 Minuten mit den Füßen in der Luft.

➡️ Die US-Fußballerin Mia Hamm hat in Länderspielen mehr Tore geschossen als jeder andere, egal ob Mann oder Frau: 158.

Tiger Woods

👉 Tiger Woods spielte bereits mit zwei Jahren im Fernsehen Golf.

👉 1996 wurde Woods mit 21 Jahren die jüngste Nummer eins der Golfweltrangliste.

👉 Bis 2006 hatte Tiger Woods 12 Golfmeisterschaften gewonnen.

👉 Hinzu kommen seine 52 Siege bei der PGA-Tour, mehr als jeder andere Spieler erreicht hat.

👉 2005 war Woods der am besten bezahlte Profisportler der Welt.

DIE WELT DES MENSCHEN

Brodelnde Städte

Mehr als drei Milliarden Menschen leben schon in den Städten der Welt, und Tausende kommen täglich dazu.

Alte Städte

👉 Die vermutlich erste Stadt der Welt war Çatal Höyük in der Türkei vor über 9200 Jahren. Heute lebt dort niemand mehr. Anders in Damaskus, wo die ersten Siedlungsfunde aus der Zeit vor 10 000 Jahren datieren und das seither bewohnt ist.

👉 Babylon hatte um 600 v. Chr. als erste Stadt über 200 000 Einwohner.

👉 Rom wurde 27 n. Chr. zur ersten Millionenstadt.

👉 Die erste Großstadt in Amerika war Teotihuacán, wo um 300 n. Chr. mindestens 150 000 Menschen lebten.

Städte nach Plan

➤➤ Zar Peter der Große wählte ein Sumpfgebiet für seine neue Hauptstadt Sankt Petersburg. Über 30 000 Arbeiter kamen beim Bau ums Leben.

➤➤ Brasilia war eine Idee von Präsident Juscelino Kubitschek, der Brasiliens neue Hauptstadt genau im Zentrum des Landes errichten wollte. Nach 41 Monaten Bauzeit war sie im April 1961 fertig.

➤➤ Die Vatikanstadt in Rom ist keine Stadt, sondern ein Staat, auch wenn er nur so groß ist wie 50 Fußballplätze.

➤➤ Mit 329 Einwohnern ist Fürstenau (Schweiz) die einwohnermäßig kleinste Stadt der Welt.

DATEN MEGA-STÄDTE FAKTEN

☞ Die größten Städte der Welt werden als Megastädte bezeichnet. Von der Fläche ist New York am größten, Tokyo von der Zahl der Einwohner.

☞ 2006 gab es fünf Städte auf der Welt mit mehr als 18 Millionen Einwohnern: Tokyo (35,5), Mexico City (19,24), Bombay (18,84), New York (18,65) und São Paulo (18,61).

☞ Fünf der 13 größten Weltstädte liegen auf dem indischen Subkontinent: Bombay, Delhi, Kalkutta, Dhaka und Karatschi.

☞ Die am dichtesten bevölkerte Stadt ist Manila. Hier leben pro Quadratkilometer anderthalbmal mehr Menschen als in Los Angeles.

➺ Lange war Tokyo (Foto) die Stadt mit den höchsten Lebenshaltungskosten; heute sind Moskau und London wesentlich teurer.

➺ In Tokyo leben pro Quadratkilometer dreimal mehr Menschen als in London.

Moderne Städte haben bei ihrem Wachstum kleine Städte in ihrem Umkreis geschluckt. Berücksichtigt man nur das ursprüngliche Stadtgebiet, dann ist Bombay in Indien am größten.

Städte der Zukunft

☞ Um 2020 werden Lagos, Dhaka, Delhi, Bombay, Kalkutta, Jakarta, São Paulo und Mexico City jeweils mehr als 20 Millionen Einwohner haben.

☞ Die größte Megastadt könnte in China am Perlflussdelta um Guangzhu entstehen.

☞ Bis zum Jahr 2020 wird es die größte Migrationsbewegung der Geschichte geben, denn eine halbe Milliarde Chinesen zieht in die Städte.

DIE WELT DES MENSCHEN

Fantastische Gebäude

Aus Ziegelsteinen, Beton und sogar Mist werden die unterschiedlichsten Gebäude errichtet.

In der Türkei und anderen Gegenden lebten Menschen in aus dem Fels gegrabenen Höhlen. Diese Behausungen sind einfach, aber im Sommer kühl und im Winter warm.

Alte Bauwerke

➤➤ In Japan fand man das älteste bekannte Bauwerk; es entstand vor einer halben Million Jahren.

➤➤ Die vor 4500 Jahren in Ägypten errichtete Cheops-pyramide ist bis heute das größte Bauwerk der Welt. Mit den Steinen (ca. 3 Mio. m³) könnte man eine 1 m hohe Mauer um ganz Frankreich ziehen.

➤➤ Der erste große Betonbau der Welt war kein moderner Wolkenkratzer, sondern das 126 n. Chr. erbaute Pantheon in Rom.

Häuser aus Mist

☛ Die Steine dieses Hauses in Ruanda sind mit Kuhmist verfugt. Stroh mit Dung liefert gute Ziegel.

☛ Kuhmist könnte in Zukunft verstärkt als Baumaterial eingesetzt werden: als Mörtel und für Ziegel.

DATEN WOLKENKRATZER FAKTEN

👉 Die Erfindung des Aufzugs 1857 durch Elisha Otis war eine wesentliche Voraussetzung für den Bau von Wolkenkratzern, denkt man an die vielen Treppen.

👉 Der erste Wolkenkratzer war das 1885 gebaute Home Insurance Building in Chicago. Doch bald wurde Chicago von New York etwa mit dem Hochhaus Flat Iron (1902) übertroffen.

👉 Für Jahrzehnte sicherte sich das Empire State Building (1931) in New York mit seinen 381 m den Rang als höchstes Gebäude der Welt.

👉 Heute führt der 2004 fertiggestellte Taipei 101 (rechts) in Taiwan die Rangliste der höchsten Gebäude mit 509 m an.

👉 Etwas niedriger, nämlich 452 m, sind die 1998 vollendeten Petronas Twin Towers in Kuala Lumpur in Malaysia.

Die Zukunft

✏️ Immer mehr Häuser werden mit Sonnenkollektoren und Recyclingmöglichkeiten ausgestattet, damit sie möglichst wenig Energie verbrauchen.

✏️ In „intelligenten" Häusern werden Beleuchtung und Heizung von einem Computer gesteuert.

✏️ Der Kühlschrank kann den Strichcode auf den Verpackungen lesen und meldet, wenn Lebensmittel nicht mehr frisch sind; vielleicht gibt er sogar Bestellungen beim Supermarkt auf.

✏️ Wasser und Seife sind überholt, gereinigt wird mit Ultraschall. Man wird dann vielleicht auch ein Ultraschallduschbad nehmen können.

DIE WELT DES MENSCHEN

Tolle Werkzeuge

Wir haben eine lange Entwicklung erlebt, vom ersten Steinwerkzeug bis zur Technik von heute.

Die ersten Maschinen

☛ In der Steinzeit entwickelten die Jäger Möglichkeiten, um ihre Muskelkraft durch Speerschleudern oder Pfeil und Bogen zu verstärken. Dies waren die ersten Maschinen.

☛ Vor rund 12 000 Jahren begannen Menschen mit der Landwirtschaft und erfanden Geräte wie den Pflug.

☛ Vor 7000 Jahren kamen die Sumerer im Mittleren Osten auf die Idee, Töpferscheiben an einem Wagen zu befestigen: Das Rad war erfunden. Es ist bis heute fast unverändert im Gebrauch.

Steinwerkzeuge

➤➤ Unsere Vorfahren lernten vor rund 2,6 Millionen Jahren, wie man Steine als Werkzeuge einsetzt. Die Steinzeit dauerte insgesamt mehr als 2,59 Millionen Jahre.

➤➤ Steinwerkzeuge bekommen durch Abschlagen von Splittern scharfe Kanten. In der Steinzeit wurden Werkzeuge aus Feuerstein fast serienmäßig hergestellt.

Vor rund 8000 Jahren kamen die Menschen in Mesopotamien auf die Idee, Ochsen vor den Pflug zu spannen und die Tiere die Arbeit verrichten zu lassen.

Einfache Maschinen

✏️ Alle Maschinen beruhen auf sechs einfachen Vorrichtungen: Hebel, Rampe, Keil, Schraube, Rad oder Rolle und Flaschenzug.

✏️ Maschinen verleihen oft große Kräfte, erfordern dafür aber mehr Bewegung. Mit einem Flaschenzug kann man beispielsweise eine Last 1 m anheben, muss dazu aber 10 m Seil aufwickeln. Allerdings kann man mit dieser Maschine ein zehnmal höheres Gewicht anheben als ohne sie.

Werkzeuge der Tiere

☛ Auch Schimpansen hatten ihre Steinzeit und benutzen seit mindestens 4000 Jahren Steine zum Öffnen von Nüssen.

☛ Geier setzen Steine zum Knacken harter Eier ein.

☛ Auf der Pazifikinsel Neukaledonien richten sich Krähen Stöckchen zu, um Insekten aus tiefen Holzgängen zu angeln.

☛ Als 1980 der Forscher Ben Beck vergaß, Wasser unter das Trockenfutter für seine Versuchskrähe zu mischen, holte sich der Vogel selbst Wasser in einer Tasse.

DATEN NANO FAKTEN

☛ Forscher arbeiten an Nanowerkzeugen, die eine Million Mal kleiner sind als eine Nadelspitze. (Nano bedeutet Milliardstel einer Einheit.)

☛ Mit molekularen Getrieben (oben) könnte man Maschinen bauen, die viel dünner sind als ein Menschenhaar.

☛ Nanofahrzeuge könnten durch den Körper reisen und Medikamente gezielt an den Einsatzort bringen.

DIE WELT DES MENSCHEN

Ich hab' eine Idee!

Es gibt viele geniale Erfindungen, aber auch völlig alberne.

Ach nee …

- Genervt von der Warterei auf sein Gepäck auf Flughäfen, erfand Robert Fulton 1945 ein Flugzeug, das sich in ein Auto verwandeln konnte. Leider war es so schwer, dass es nie abhob.
- Ein Erfinder baute einen Sarg mit Alarmglocke, falls jemand lebendig begraben würde.
- Ein anderer Erfinder meldete einen Spezialhandschuh für Paare zum Patent an: Selbst bei eisigem Frost war Händchenhalten mit Hautkontakt möglich.
- Thomas Edison war an der Erfindung der Glühlampe und des Kinofilms beteiligt, erfand aber auch Möbel aus Beton – kein wirklicher Erfolg.

Lebensretter

- Alexander Fleming (links) entwickelte Antibiotika. Er hatte bemerkt, dass Schimmelpilze die Bakterienkulturen in seinen Laborschalen abtöteten.
- Jonas Salk stellte 1952 einen Impfstoff gegen Kinderlähmung her, den er an sich selbst testete.

94

➤➤ Das Furzkissen wurde erfunden, als man bei einer kanadischen Firma an Gummimatten forschte.

➤➤ Der Pupsalarm ist eine Scherzerfindung, die angeblich piept, wenn sie einen Pups aufspürt. Tatsächlich wird er durch Vibrationen ausgelöst.

Rollschuhe

Joseph Merlin erfand 1760 die Rollschuhe. Eines Abends legte er bei einem Kostümball einen spektakulären Auftritt mit seinen mit Eisenrädern versehenen Schuhen hin; allerdings krachte er dabei in einen Spiegel.

In den 1970ern entdeckte Art Fry einen Kleber, mit dem er Zettel fixieren und wieder ablösen konnte: Die Haftnotiz war erfunden.

DATEN EINFALLSREICH FAKTEN

☛ Die Spielknete Play-doh von Noah und Joe McVicker war zunächst als Tapetenreiniger entwickelt worden.

☛ Roy Plunket experimentierte 1938 mit Gasen, als sich eines davon in eine feste Substanz verwandelte, an deren Oberfläche nichts haften blieb. Er hatte das Teflon erfunden.

☛ In einer kalten Nacht des Jahres 1905 ließ der elfjährige Frank Epperson versehentlich eine Tasse mit Limo und einem Stäbchen draußen stehen – das erste Eis am Stiel.

☛ Inspiriert durch die aufleuchtenden Augen einer Katze, erfand Percy Shaw 1934 die Reflektoren am Straßenrand.

DIE WELT DES MENSCHEN

Am laufenden Band

Die ersten Fabriken dienten der Tuchherstellung. Heute produziert man fast alles in Fabriken.

Industrielle Revolution

☛ Die industrielle Revolution begann im 18. Jahrhundert in Großbritannien, als in Fabriken Baumwolle mit Webmaschinen verarbeitet wurde.

☛ Gegen Ende des 19. Jahrhunderts erschienen Nähmaschinen (rechts), mit denen man zu Hause Kleider anfertigen konnte.

Weil im Ersten Weltkrieg Millionen Männer an der Front kämpften, mussten Frauen in Rüstungsbetrieben arbeiten. Oft war es für sie die erste Arbeit außer Haus.

DATEN FABRIKEN FAKTEN

☛ Henry Ford hatte die Idee, sein preisgünstiges Modell T an einem Fließband herzustellen, nachdem er einen Schlachthof besichtigt hatte, wo die Rinderhälften in einer Reihe an Haken aufgehängt waren.

☛ Die Fahrzeugherstellung ist einer der größten Industriebereiche weltweit. Viele Millionen Mitarbeiter produzieren pro Jahr über 60 Millionen Pkw und Lkw.

☛ Die größte Fabrik der Welt ist das für die Fertigung des 747-Jumbojets gebaute Boeing-Werk in Everett. Es hat die Größe von 40 Fußballfeldern.

Feindliche Fabriken

▸▸ Das Aufkommen von Fabriken verärgerte viele Handwerker, denn sie wurden arbeitslos. Die sogenannten Maschinenstürmer zerstörten die Maschinen, bis die Armee einschritt.

▸▸ Die schmutzigste Fabrik der Welt steht vermutlich in Rannipet in Indien, wo ein Chemiewerk eine Halde mit 14 Mio. t Giftmüll angehäuft hat.

▸▸ In der russischen Stadt Dzerzinsk hat ein Betrieb das Wasser so verschmutzt, dass die Lebenserwartung der Einwohner bei nur 42 Jahren liegt.

▸▸ Die größte Schokoladenfabrik der Welt ist das Hershey-Werk in Pennsylvania.

▸▸ Hershey verarbeitet dort pro Jahr mehr als 250 000 kg Kakaobohnen zu Schokolade.

▸▸ Ein Roboter von der Größe eines Menschen kann eine Last von 50 kg bewegen – mit einer Genauigkeit von 0,1 mm.

▸▸ Industrieroboter können auch komplizierte Tätigkeiten wie Schweißen schneller und präziser ausführen als ein Facharbeiter.

Exzellentes Essen

Wir können die verschiedensten Nahrungsmittel erzeugen, doch wir essen meist zu viel davon.

Die ersten Bauern

☛ Der Mensch begannen vor 12 000 Jahren, Landwirtschaft zu betreiben. Aus Samen wilder Pflanzen züchtete er Getreide.

☛ Wegen der einseitigeren Ernährung waren Bauern nicht so groß wie diejenigen, die jagten oder Früchte und Nüsse sammelten.

Nutzvieh

☛ Weltweit werden mehr als 1,8 Milliarden Schafe, 1,3 Milliarden Kühe, 1 Milliarde Schweine und über 13 Milliarden Hühner gehalten.

☛ In den US-Staaten Georgia, Arkansas und Alabama werden 4 Milliarden Hühner pro Jahr geschlachtet.

☛ In Industrieländern bekommen die meisten Tiere neben Gras auch Getreide, Soja und anderes Kraftfutter.

➤➤ Vor hundert Jahren produzierte ein Farmer in den USA genug Getreide, um 25 Personen zu ernähren. Mit seinen Maschinen kann ein Farmer heute 1000 Menschen versorgen.

➤➤ In Zukunft werden Erntemaschinen von Computern gesteuert.

DATEN ESSEN FAKTEN

☞ Mehr als 1 Milliarde Menschen haben Übergewicht. Etwa die gleiche Zahl ist wegen Unterernährung krank oder verhungert sogar.

☞ Nach Prognosen wird jedes dritte in den USA geborene Kind Diabetes bekommen: wegen zu zuckerhaltiger Ernährung.

☞ Kinder in den USA und Europa nehmen mit ihrer täglichen Nahrung doppelt so viel Salz auf, wie empfohlen wird.

☞ Drei Viertel des Salzanteils unserer Nahrung stammt aus Fertigprodukten, die oft noch zusätzlich gesalzt werden.

Keines dieser Fruchtbonbons enthält echte Früchte. Wie viele industrielle Lebensmittel verdanken sie ihren Geschmack künstlichen Geschmacksstoffen.

➔➔ Gewächshäuser, Gefriertechnik und Transportmittel machen es möglich, fast alle Nahrungsmittel ganzjährig zu bekommen.
➔➔ Durchschnittlich ist der Inhalt eines Einkaufswagens rund 150 000 km weit gereist.

Nachdenkliches übers Essen

☞ Ein Drittel der in Großbritannien produzierten Lebensmittel wird einfach weggeworfen.

☞ Ein Drittel des von uns verzehrten Obsts und Gemüses enthält Spuren von Pestiziden, die auf den Anbauflächen versprüht wurden.

☞ Um 1 kg Käse zu machen, braucht man fast 4000 l Wasser, für 1 kg Rinderhackfleisch über 80 000 l.

DIE WELT DES MENSCHEN

Klogeschichte

Der Gang zur Toilette kann ein ernstes Geschäft sein – wohin mit all den Exkrementen?

Mittelalterliche Örtchen

☛ Burgen hatten spezielle Räume, die aus der Mauer herausragten. In ihnen setzte man sich auf ein Brett mit einem Loch, durch das der Kot in eine Grube fiel.

☛ In diesem Erker bewahrte der Burgherr seine Kleidung auf, denn der penetrante Gestank hielt sogar Motten fern.

☛ Die Fäkaliengrube wurde von Latrinenreinigern entleert, die den Kot zum Düngen auf ihre Felder brachten.

Antike Toiletten

✎ Die älteste Toilette der Welt fand man im 4000 Jahre alten Palast in Knossos auf Kreta. Sie war sehr raffiniert: Wasser aus höher liegenden Tanks spülte den Abfall durch Rohre fort.

✎ Die Römer benutzten einen Stock mit einem Schwamm zum Abwischen. Da war es wichtig, das richtige Ende zu erwischen.

Vor rund 200 Jahren war es üblich, dass Männer mitten im Gespräch aufstanden, um in einen solchen Topf zu pinkeln. Frauen platzierten ihn diskret unter ihren Röcken.

DATEN ABWASSER FAKTEN

☛ Im London des 19. Jahrhunderts flossen die Fäkalien in die Themse und färbten das Wasser braun.

☛ Das Trinkwasser war so schmutzig, dass Tausende Londoner an Cholera erkrankten und starben.

☛ 1848 ordnete die Verwaltung an, dass jedes neue Haus eine Aschengrube haben musste, in der Urin und Kot auf einen Aschenhaufen fielen, der von Latrinenreinigern weggeschafft wurde.

☛ Eine Hitzewelle führte 1858 zu dem „Großen Gestank": London roch wie eine riesige Toilette.

☛ Schließlich wurde ein unterirdisches System von Abwasserkanälen angelegt. Es war 1865 fertig und wird bis heute genutzt.

Toilettenpapier

▶▶ Man benutzte Schwämme, Lumpen, Blätter oder sogar die Hände zum Abputzen, bevor 1857 das Toilettenpapier eingeführt wurde. Es wurde in Drogerien diskret als „Papierhaarwickler" verkauft, weil man ganz ähnlich gefaltetes Papier zum Lockeneindrehen benutzte.

▶▶ Klorollen kamen 1928 auf den Markt.

Toiletten der Zukunft

Viele Japaner haben in ihren Wohnungen Toiletten mit beheiztem Sitz. Und nach dem Geschäft wird der Po abgewaschen und trocken geföhnt.

DIE WELT DES MENSCHEN

Datenflut

Maschinen, die uns das Rechnen abnehmen, sind sehr nützlich. Computer können aber noch mehr.

DATEN COMPUTER FAKTEN

☛ Der vielleicht erste Computer wurde vor mehr als 2000 Jahren auf Kreta gebaut. Ein komplexes System aus Zahnrädern diente zur Berechnung der Sternenbewegungen.

☛ Lange vor der Elektronik-Ära konstruierte Charles Babbage 1832 aus Messingwalzen und Wählscheiben seine Differenzialmaschine (rechts).

☛ Das Computerzeitalter begann 1936, als Alan Turing die Idee hatte, Computerinstruktionen als Algorithmen zu formulieren.

In Computern sitzen solche aus Silizium gefertigte Chips. Jeder Chip besitzt Tausende Schalter, die zwischen „0" und „1" umschalten. Alles, was ein Computer macht, beruht auf Nullen und Einsen.

Computerpower

☛ Teraflops ist die Bezeichnung für 1 Billion Fließkomma-Operationen pro Sekunde. Die Leistung eines Computers wird damit gemessen.

☛ Schnellster Computer der Welt ist der BlueGene/L mit einer Leistung von 360 Teraflops. Er wird deutlich vom menschlichen Gehirn übertroffen, das mit rund 10 000 Teraflops arbeitet.

☛ Der BlueGene ist so groß wie ein halber Tennisplatz.

☛ IBM entwickelt den BlueGene/P mit einer Leistung von 1 Petaflops, 1 Billiarde Rechenoperationen pro Sekunde.

In einem aufsehenerregenden Wettkampf unterlag 1997 Schachweltmeister Garry Kasparov dem Schachcomputer Deep Blue.

Internet

☛ Das Fernsehen brauchte 13 Jahre, um 50 Millionen Nutzer zu gewinnen, das Internet nur vier. Heute gibt es mehr als 260 Millionen Leute mit Internetanschluss.

☛ Täglich gehen durchschnittlich 26 E-Mails an eine Adresse.

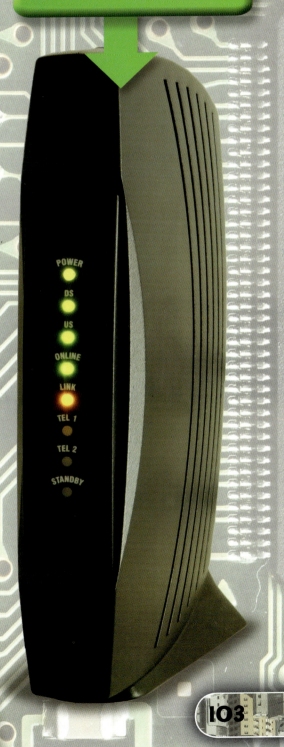

Wunderbares Web

✎ Die Suchmaschine Google leitet ihren Namen von Googol ab, der Zahlenbezeichnung für eine 1 mit 100 Nullen.

✎ Yahoo ist nach menschenähnlichen Untieren aus Jonathan Swifts Roman *Gullivers Reisen* benannt.

DIE WELT DES MENSCHEN

Schiff ahoi!

Vor 1000 Jahren überquerten die Wikinger erstmals einen Ozean. Heute tragen Frachter Güter um die Welt.

Über die Planke gehen
Von Piraten sagt man, dass sie Leute zwangen, über eine Planke zu laufen und ins Meer zu springen. Tatsächlich hat J. M. Barrie dies für sein Buch *Peter Pan* erfunden.

DATEN SOS FAKTEN

☛ Um 1890 wurden Schiffe mit Funkgeräten ausgerüstet. Nun war eine Verständigung mit Tastern (oben) und dem Morsealphabet möglich.

☛ Der Notruf im Morsecode ist SOS. Man wählte diese Buchstabenfolge 1908, weil sie gut zu verstehen ist. Erst später sah man darin eine Abkürzung für „Save Our Souls" („Rettet unsere Seelen").

☛ Im Sprechfunk verwendet man „Mayday" als Notruf. Es leitet sich von dem französischen „m'aidez" („helft mir") ab.

Kreuzfahrtschiffe

➦ Die *Queen Mary 2* ist mit 148 528 BRT das größte Passagierschiff der Welt. An Bord gibt es 15 Restaurants und 5 Swimmingpools.

➦ Die *Freedom of the Seas* kann mehr Personen befördern als jedes andere Schiff, insgesamt 5600: 4300 Passagiere und 1300 Besatzungsmitglieder.

➦ 1 l Dieselkraftstoff reicht gerade, um die *Queen Elizabeth 2* gut 3 cm voranzubringen.

➦ Bei ihrem Stapellauf war die *Titanic* mit 46 329 BRT das größte Schiff ihrer Zeit. Sie sank auf der Jungfernfahrt am 15. April 1912 nach der Kollision mit einem Eisberg.

Schnelle Boote

☞ Donald Campell stellte sieben Geschwindigkeitsrekorde auf dem Wasser auf. Bei einem weiteren Versuch kam er 1967 ums Leben.

☞ Den aktuellen Weltrekord von 510 km/h stellte Ken Warby 1978 auf.

➦ Viele Supertanker sind so lang, dass der Eiffelturm der Länge nach auf ihrem Deck Platz hätte.

➦ Die *Knock Nevis* hält mit knapp 458 m Länge den Rekord. Sie kann 564 650 t Öl aufnehmen.

DIE WELT DES MENSCHEN

Höhenflüge

Lange hat der Mensch vergeblich versucht, den Flug der Vögel zu imitieren. Heute kann er endlich fliegen.

Frühe Flüge

▶▶ Bei frühen Flugexperimenten probierte man, mit an den Armen befestigten Flügeln die Schwerkraft zu überwinden – vergeblich.

▶▶ George Cayley baute einen Gleiter, mit dem sein Butler als erster Pilot 1853 über ein Tal flog.

▶▶ Otto Lilienthal absolvierte als erster Mensch mit seinen Hängegleitern kontrollierte Flüge in Serie. Er starb 1896, als eine Windbö seinen Gleiter zum Absturz brachte.

▶▶ Den Amerikanern Orville und Wilbur Wright gelang 1903 der erste erfolgreiche Motorflug.

Luftschiffe

In den 1930er-Jahren überquerten luxuriöse, mit Wasserstoff gefüllte Zeppeline den Atlantik. Ihr Bau wurde eingestellt, nachdem 1937 die *Hindenburg* in Flammen aufgegangen war. Moderne Luftschiffe sind mit unbrennbarem Helium gefüllt.

DATEN FAKTEN – LUFTKAMPF

☞ Im Ersten Weltkrieg kam es zu den ersten Luftkämpfen. Die Engländer nannten sie „dogfights" („Hundekämpfe"), weil die Flugzeuge wie Hunde hintereinander herjagten.

☞ Manfred von Richthofen wurde als „Roter Baron" bekannt, weil sein Flugzeug leuchtend rot lackiert war. Er gewann 80 Luftkämpfe, bevor er 1918 abgeschossen wurde.

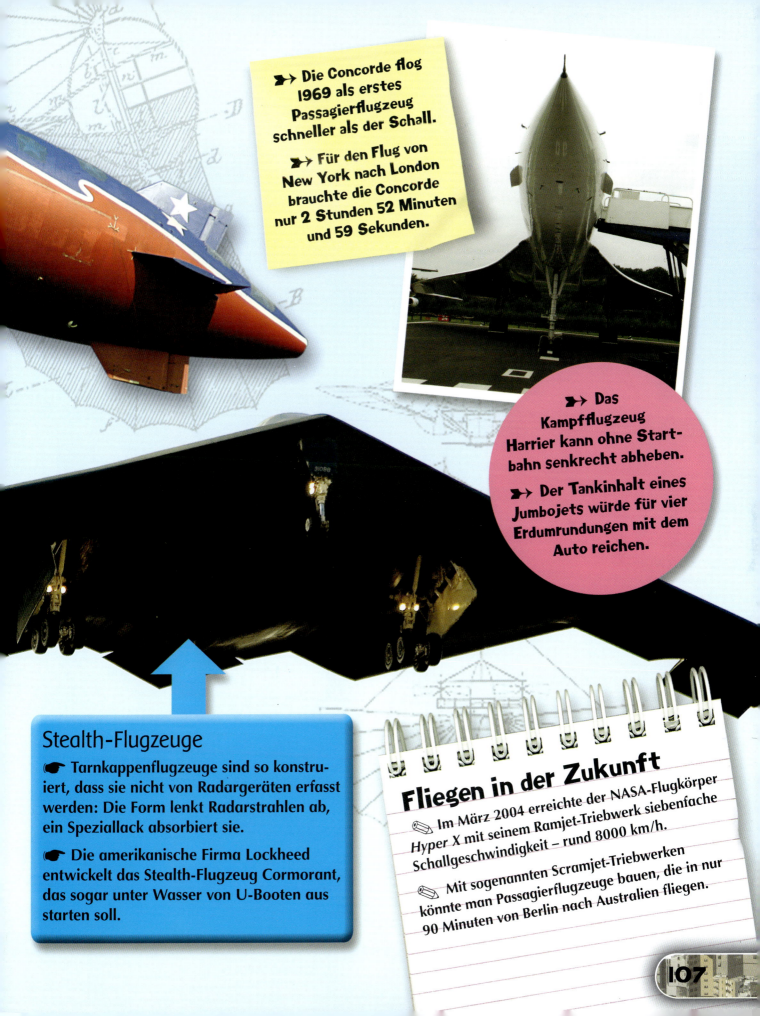

➡️ Die Concorde flog 1969 als erstes Passagierflugzeug schneller als der Schall.

➡️ Für den Flug von New York nach London brauchte die Concorde nur 2 Stunden 52 Minuten und 59 Sekunden.

➡️ Das Kampfflugzeug Harrier kann ohne Startbahn senkrecht abheben.

➡️ Der Tankinhalt eines Jumbojets würde für vier Erdumrundungen mit dem Auto reichen.

Stealth-Flugzeuge

☞ Tarnkappenflugzeuge sind so konstruiert, dass sie nicht von Radargeräten erfasst werden: Die Form lenkt Radarstrahlen ab, ein Speziallack absorbiert sie.

☞ Die amerikanische Firma Lockheed entwickelt das Stealth-Flugzeug Cormorant, das sogar unter Wasser von U-Booten aus starten soll.

Fliegen in der Zukunft

✎ Im März 2004 erreichte der NASA-Flugkörper Hyper X mit seinem Ramjet-Triebwerk siebenfache Schallgeschwindigkeit – rund 8000 km/h.

✎ Mit sogenannten Scramjet-Triebwerken könnte man Passagierflugzeuge bauen, die in nur 90 Minuten von Berlin nach Australien fliegen.

107

DIE WELT DES MENSCHEN

Auf eisernen Bahnen

In Pferdekutschen reiste man unbequem. Züge brachten großen Fortschritt bei Geschwindigkeit und Komfort.

Frühe Züge

➤➤ Um 550 v. Chr. baute man in Griechenland den Diolkos, eine Gleitbahn, auf der man Schiffe über Land zog.

➤➤ Der englische Ingenieur Richard Trevithick baute 1804 die erste funktionierende Dampflokomotive.

➤➤ William Huskinsson war das erste Opfer der Eisenbahn. Er kam 1830 bei der Eröffnung der ersten Strecke für den Personenverkehr ums Leben.

DATEN EISENBAHN FAKTEN

☞ George Stephenson gewann 1829 mit seiner *Rocket* den ersten Wettbewerb für Lokomotiven in England. Ihre Spitzengeschwindigkeit betrug wenig mehr als 46 km/h.

☞ 1840 brauchten Züge für die knapp 300 km von London nach Exeter in Südengland weniger als vier Stunden.

☞ Am 10. Mai 1869 wurde in Utah die erste Eisenbahnstrecke von der amerikanischen Ost- zur Westküste fertiggestellt.

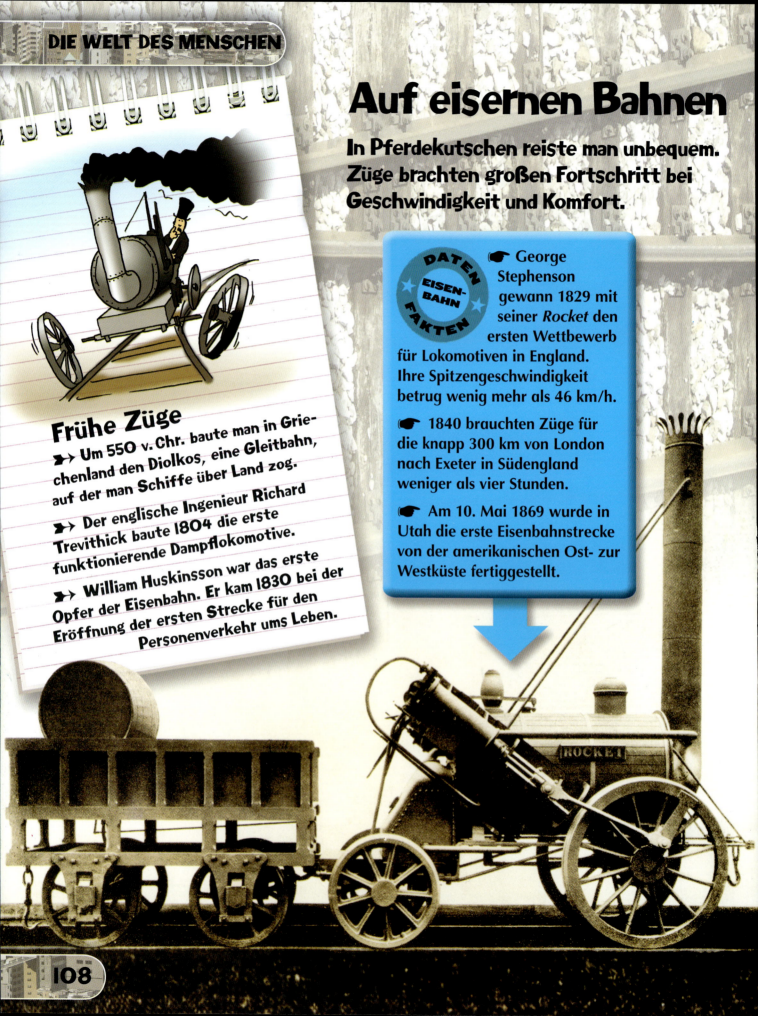

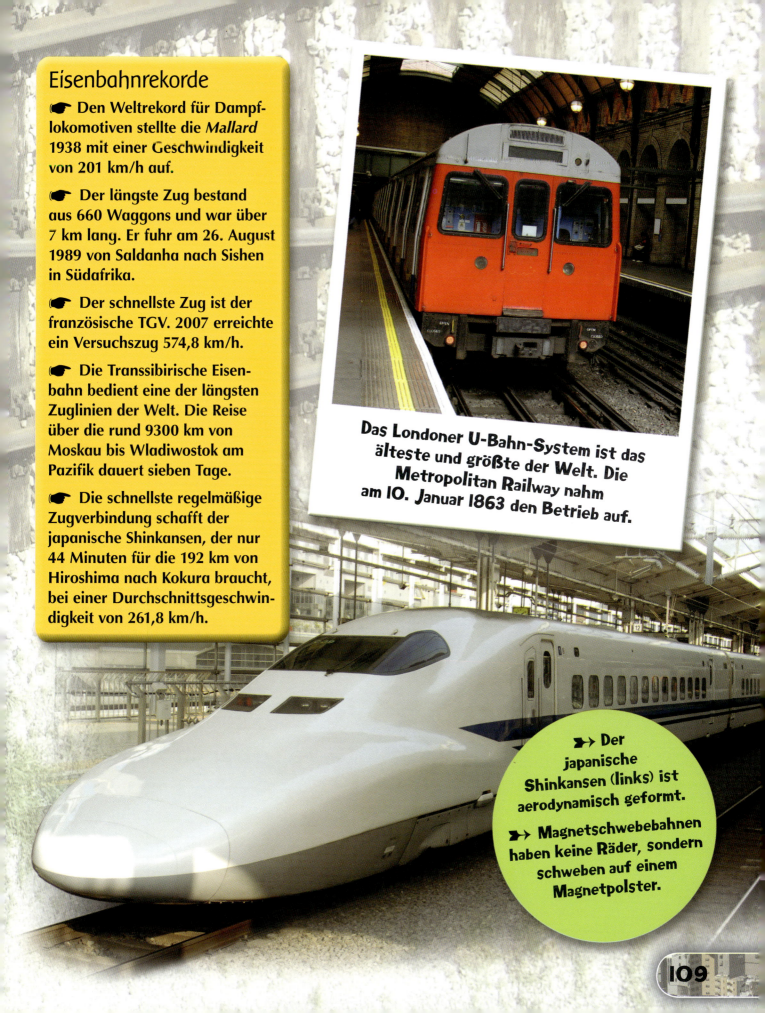

Eisenbahnrekorde

☞ Den Weltrekord für Dampflokomotiven stellte die *Mallard* 1938 mit einer Geschwindigkeit von 201 km/h auf.

☞ Der längste Zug bestand aus 660 Waggons und war über 7 km lang. Er fuhr am 26. August 1989 von Saldanha nach Sishen in Südafrika.

☞ Der schnellste Zug ist der französische TGV. 2007 erreichte ein Versuchszug 574,8 km/h.

☞ Die Transsibirische Eisenbahn bedient eine der längsten Zuglinien der Welt. Die Reise über die rund 9300 km von Moskau bis Wladiwostok am Pazifik dauert sieben Tage.

☞ Die schnellste regelmäßige Zugverbindung schafft der japanische Shinkansen, der nur 44 Minuten für die 192 km von Hiroshima nach Kokura braucht, bei einer Durchschnittsgeschwindigkeit von 261,8 km/h.

Das Londoner U-Bahn-System ist das älteste und größte der Welt. Die Metropolitan Railway nahm am 10. Januar 1863 den Betrieb auf.

➤➤ Der japanische Shinkansen (links) ist aerodynamisch geformt.

➤➤ Magnetschwebebahnen haben keine Räder, sondern schweben auf einem Magnetpolster.

DIE WELT DES MENSCHEN

Erstaunliche Autos

Das Auto gibt uns die Freiheit zu verreisen, wann immer wir wollen – es sei denn, wir stecken im Stau fest.

Bertas Haarnadel
Als Karl Benz 1885 das erste Auto mit Benzinmotor gebaut hatte, „stiebitzte" seine Frau Berta den Wagen für einen Ausflug. Mit ihrer Haarnadel reinigte sie eine verstopfte Benzinleitung.

Die langen, geraden Straßen in Australien erlauben es, an eine Zugmaschine mehrere Anhänger anzukoppeln. Der längste „Roadtrain" hatte 79 Wagen.

Bestseller
☛ Das erste in Massenproduktion gefertigte Auto war 1905 das Modell T von Ford. Mehr als 15 Millionen wurden davon verkauft.

☛ Das meistverkaufte Auto ist mit über 22 Millionen Stück der VW Käfer.

Die schnellsten Autos
➤➤ Das Thrust SSC ist das schnellste Landfahrzeug der Welt. Andy Green erreichte damit am 15. Oktober 1997 in der Wüste von Nevada 1227,985 km/h.

➤➤ Erstmals durchbrach ein Auto bei diesem Rekordversuch die Schallmauer.

Verrückt und großartig

✏️ Das Auto Suminoe Flying Feather von 1954 war mit 451 kg das leichteste je gebaute Auto.

✏️ Das ab 1942 gebaute Amphibienfahrzeug DUKW, auch „Duck" genannt, war weit verbreitet. Amphibienfahrzeuge können im Wasser und auf dem Land fahren.

Dynasphere
Eines der verrücktesten Autos war die Purves Dynasphere: Es sah wie ein riesiger Autoreifen aus, in dem der Fahrer saß.

Schnelle Straßenwagen

☞ Der Bugatti Veyron (links) ist mit 407 km/h Spitzengeschwindigkeit der schnellste Serienwagen der Welt.

☞ Der Barabus TKR ist der schnellste straßentaugliche Wagen. Er erreicht fast 430 km/h.

☞ Der Saleen S7 Twin Turbo liegt mit 415 km/h nur knapp dahinter.

☞ Diese Autos kosten über 400 000 Euro. Aber fast nirgends können sie ihre Spitzengeschwindigkeit ausfahren.

ERDE UND WELTALL

Auf unserem Planeten gibt es extreme Orte. In Arica in Chile fällt in 100 Jahren gerade so viel Regen, dass eine Tasse gefüllt wird. Auf dem Mount Everest ist in 8850 m Höhe die Luft zum Atmen zu dünn. Doch das ist nichts im Vergleich zu dem Sturm, der seit 300 Jahren auf dem Planeten Jupiter tobt.

Wettlauf ins All!

Unruhige Erde!

Trostlose Wüsten!

ERDE UND WELTALL

Wunderbare Ozeane

Die Erde wird auch der Blaue Planet genannt, weil fast drei Viertel der Oberfläche mit Wasser bedeckt sind.

Wertvolles Wasser

In jedem Kubikkilometer Meerwasser sind rund 6 kg Gold gelöst. Die Weltmeere enthalten mehr als 960 Mio. km³ Wasser, die Ozeane der Erde bergen also einen Schatz von 5,7 Mio. t Gold.

DATEN MEER FAKTEN

☛ Der längste Gebirgszug der Erde ist der Mittelozeanische Rücken mit rund 60 000 km Länge. Das entspricht dem Vierfachen der Gesamtlänge von Anden, Rocky Mountains und Himalaja.

☛ Würde man das gesamte Salz der Ozeane trocknen, könnte man die Landfläche der Erde über 1 m hoch damit bedecken.

☛ Der tiefste Meerespunkt ist mit 11 034 m das Witjastief 1 im Marianengraben im westlichen Pazifik.

☛ Die Temperatur von Meerwasser liegt in weiten Bereichen bei 4 °C.

☛ Rippströmungen fordern viele Todesopfer. Diese entstehen, wenn sich Wellen unterschiedlich an der Küste brechen.

Dampfendes Meer

Neuere Studien lassen vermuten, dass der Atlantik vor 84 bis 100 Million Jahren mit Temperaturen zwischen 33 °C und 42 °C eher einer heißen Badewanne glich.

In den Meeren gibt es eine intensive vulkanische Aktivität; rund 90 Prozent der Vulkane liegen dort. Die höchste Konzentration aktiver Vulkane der Erde findet man mit über 1100 Vulkanen im südlichen Pazifik.

Der eigentlich höchste Berg der Erde liegt im Meer. Es ist der Vulkan Mauna Kea auf Hawaii, der sich vom Meeresboden bis zum Gipfel 10 200 m hoch auftürmt.

Tiefen des Ozeans

☛ In der Dänemarkstraße gibt es einen unterseeischen Wasserfall mit 3600 m Höhe. Das ist mehr als das Dreifache des höchsten Wasserfalls an Land.

☛ Lange war unbekannt, wovon sich die Tiefseebewohner ernähren. Vor Kurzem entdeckte man schleimige Klumpen von kaulquappenartigen Organismen, die das Nahrungsangebot vergrößern.

☛ Manche Organismen leben von den Substanzen, die Vulkane am Meeresboden ausstoßen. Sie selbst sind wiederum Nahrung für Tiefseegeschöpfe wie Riesenmuscheln.

Meeresleuchten

Jeder dachte, Seeleute hätten zu viel Rum getrunken, wenn sie vom bei Nacht leuchtenden Meer erzählten. Jetzt haben Satellitenbilder belegt, dass große Flächen im Indischen Ozean zwei oder drei Nächte in Folge „glühen". Wissenschaftler vermuten als Ursache riesige Kolonien von Leuchtbakterien, die solche Phänomene wie bei dieser Welle auslösen.

ERDE UND WELTALL

Trostlose Wüsten

Es gibt Gegenden auf der Erde, wo es fast nie regnet, dafür aber glühend heiß oder bitterkalt ist.

DATEN SAHARA FAKTEN

- Die größte Wüste der Erde ist die Sahara in Afrika. Die Sahara ist größer als die nächsten vier großen Wüsten zusammen. Insgesamt hat sie die Fläche Europas.

- Vor knapp 10 000 Jahren waren Teile der Sahara begrünt, und an manchen Stellen fiel sogar Schnee.

- Allerdings gibt es Bereiche der Sahara, in denen seit mehr als 2 Millionen Jahren kaum nennenswerte Regenmengen niedergingen.

- Diese langen Jahre der Trockenheit haben den sogenannten Erg mit über 300 m hohen Sanddünen geschaffen. Dort findet man auch die mit über 500 m höchste Sanddüne der Welt.

- Die Dünen bewegen sich langsam mit 1 m pro Jahr wellenartig durch die Wüste fort.

Was ist eine Wüste?

➤➤ Es gibt verschiedene Definitionen, was eine Wüste ausmacht, doch allgemein beschreibt man eine Wüste als Gebiet, wo weniger als 250 mm Regen pro Jahr fallen.

➤➤ Wüsten bedecken rund ein Viertel der Landfläche unserer Erde.

Tau-Schlürfer
Die australischen Wüsten sind die Heimat des Dornteufels. Die Echse kann ohne Regen überleben, weil sie Tau trinkt.

Knochentrocken

➻ Der trockenste Ort der Erde ist Arica in Chile, wo der Regen in 100 Jahren kaum eine Kaffeetasse füllen würde. Der Jahresniederschlag liegt bei 0,76 mm.

➻ Obwohl es in der Antarktis Unmengen von Eis gibt, ist sie der trockenste Kontinent der Erde, denn alles Wasser ist gefroren. Sie ist auch der windigste und natürlich der kälteste Kontinent.

Der Blüten tragende Creosote-Strauch (oben) aus der Mojavewüste zählt mit einem Alter von rund 12 000 Jahren zu den ältesten Lebewesen der Erde.

Im Nebel verirrt

In der Wüste Namib in Südwestafrika regnet es selten, doch es ist oft sehr neblig. Vom Atlantik hereinziehende Feuchtigkeit ist die Ursache des Nebels.

Hitze und Regenmangel verhalfen dem kalifornischen Death Valley zu seinem Namen. 1913 wurde hier mit 57,7 °C eine der höchsten Temperaturen überhaupt gemessen.

ERDE UND WELTALL

Gebirge

Durch Auffaltung und Stauchung der Erdoberfläche türmten sich gewaltige Gebirgsmassive auf.

Mehr als 100 Bergsteiger haben die höchsten Gipfel aller sieben Kontinente bestiegen, den Everest (oben) als höchsten und schwierigsten Gipfel eingeschlossen.

DATEN EVEREST FAKTEN

☛ Der Mount Everest in Nepal ist der höchste Berg der Erde.

☛ Früher ermittelte man die Höhe von Bergen vom Tal aus mithilfe von Wasserwaagen und optischen Winkelmessgeräten. Heute werden Berge viel genauer mit Satellitentechnik vermessen. 1999 wurde die Höhe des Everest von 8848 m auf 8850 m korrigiert.

☛ Bis Ende 2004 hatten 2250 Bergsteiger den Gipfel des Everest erklommen, 186 waren beim Versuch umgekommen.

☛ Am 5. Mai 1973 erreichte der 16-jährige Nepalese Shambu Tamang als jüngster Bezwinger den Gipfel des Everest.

☛ Am 7. Oktober 1990 bestieg mit Andrej und Mariga Stremfelj aus Slowenien erstmals ein Ehepaar gemeinsam den Gipfel des Mount Everest.

Die Temperatur fällt um 1 °C mit jeweils 100 m, die man steigt. Auf den Berggipfeln ist es kalt, und die Luft ist dort so dünn, dass Bergsteiger Sauerstoffmasken zum Atmen brauchen.

Zimmer mit Aussicht

☞ Das in 3880 m Höhe gelegene Everest View Hotel in der Khumbu-Region ist das höchstgelegene Hotel der Welt. Die Gäste werden eingeflogen und mit Yaks zu dem Luxushotel gebracht.

☞ Weil die Luft in dieser Höhe so dünn ist, werden alle Zimmer zusätzlich mit Sauerstoff versorgt, um die Gäste vor der Höhenkrankheit zu schützen.

Aus Regen- und Schneefall in den Bergen stammt mehr als die Hälfte des Süßwassers der Erde. Alle großen Flüsse werden vorrangig aus Bergquellen gespeist.

Die Allerhöchsten

✎ **Höchster Berg in Afrika**
Kilimandscharo, Tansania: 5895 m

✎ **Höchster Berg in der Antarktis**
Vinson Massiv: 5140 m

✎ **Höchster Berg in Asien**
Mount Everest, Nepal: 8850 m

✎ **Höchster Berg in Australien**
Kosciusko: 2228 m

✎ **Höchster Berg in Europa**
Elbrus, Russland (Kaukasus): 5642 m

✎ **Höchster Berg in Westeuropa**
Montblanc, Frankreich-Italien: 4807 m

✎ **Höchster Berg in Nordamerika**
Mount McKinley (Denali), Alaska: 6198 m

✎ **Höchster Berg in Südamerika**
Aconcagua, Argentinien: 6959 m

Höher und breiter

➤ Das Gestein der Gebirge ist nicht wirklich fest. Es „fließt" im Verlauf von Jahrmillionen wie zäher Schlamm, nur viel langsamer. Gebirgszüge wie der Himalaja fließen in die Breite und werden an den Rändern flacher.

➤➤ Anfänglich sind alle Gebirge flach. Sie erheben sich erst durch Bewegungen der Erdkruste, wenn tektonische Platten gegeneinanderstoßen und sich auffalten oder sich übereinanderschieben.

➤➤ Hohe Gebirgszüge sind geologisch sehr jung und noch nicht durch Verwitterung abgetragen. Der Himalaja ist mit 25 Millionen Jahren relativ jung.

➤➤ Die zentralen Gipfel von Anden und Himalaja wachsen jährlich um rund 1 cm.

ERDE UND WELTALL

Tosende Flüsse

Das Regenwasser versickert im Boden und gelangt von dort in Flüsse, die es in die Meere transportieren.

DATEN AMAZONAS FAKTEN

☞ Der Amazonas liefert fast ein Fünftel der Wassermenge, die über Flüsse ins Meer gelangt.

☞ Der Amazonas könnte mit seinen Wassermassen das größte Stadion der Welt in 13 Sekunden füllen.

☞ Viele der Amazonaszuflüsse sind selbst große Ströme; 17 davon sind mehr als 1600 km lang.

Der längste Fluss der Welt ist der Nil in Afrika mit 6671 km. Würde man alle Windungen des Nils begradigen, käme er auf ein Drittel der Entfernung zwischen Nord- und Südpol.

Mehr über Flüsse

✎ Nach den meisten Messungen ist der Amazonas mit etwa 6500 km der zweitlängste Fluss. Danach folgt der Jangtsekiang in China mit 6380 km.

✎ Der Gelbe Fluss (Hwangho) in China führt weltweit die größte Menge Schlamm mit sich. Pro Jahr schwemmt er 2 Mrd. t Schlamm ins Meer.

✎ Der längste Nebenfluss ist der Madeira (3241 km), der in den Amazonas mündet.

✎ Den Bereich, wo sich das Süßwasser eines Flusses mit dem Meer mischt, nennt man Brackwasserbereich. Die größte Brackwasserregion hat der Ob in Russland: Sie ist über 800 km lang.

Wasserfälle

➤ Bei den Victoriafällen in Simbabwe stürzt der Sambesi auf 1700 m Breite 110 m in die Tiefe. Das Donnern ist 40 km weit zu hören.

➤ Der höchste Wasserfall ist der Salto Angel in Venezuela mit einer Fallhöhe von 978 m.

Iguaçu-Fälle

Zeitweise stürzen mehr als 6,5 Mio. l Wasser pro Sekunde über die 275 Einzelfälle des Iguaçu in Brasilien herab. Nur die Victoriafälle haben einen höheren Durchfluss.

Von den 500 größten Flüssen ist mehr als die Hälfte nachhaltig verschmutzt. Viele werden durch Staudämme wie den Hoover Dam in den USA (oben) unterbrochen.

Wasser der Welt

☛ Auf der Erde gibt es rund 1410 Mio. km³ Wasser.

☛ Etwa 1370 Mio. km³ (97%) davon sind salziges Meerwasser.

☛ Rund 29 Mio. km³ (2%) Wasser liegen in Form von Eis an den Polen und in Gletschern vor.

☛ 9,5 Mio. km³ lagern als Grundwasser tief unter der Erde.

☛ Knapp 200 000 km³ findet sich in Seen und Flüssen.

☛ Die Atmosphäre enthält 13 000 km³ Wasser.

☛ In den Organismen der Erde sind 600 km³ Wasser gebunden.

ERDE UND WELTALL

Unruhige Erde

Der Erdboden erscheint solide, doch er ist nur eine dünne Kruste, die auf dem flüssigen Mantel der Erde schwimmt.

Zitter, zitter

✏️ Die meisten Erdbeben dauern weniger als eine Minute. Das längste Beben wurde mit vier Minuten 1964 in Alaska registriert.

✏️ Pro Jahr werden etwa eine halbe Million Erdbeben erfasst.

✏️ China hat ein Erdbebenwarnsystem entwickelt, das mit Schlangen arbeitet. Sie flüchten kurz vor einem Beben aus ihrem Bau, sogar im Winter.

Schwere Erdbeben mit derart starken Verwüstungen werden durch die Verschiebung tektonischer Platten ausgelöst. Die Erdoberfläche ist in rund 20 riesige Felsplatten aufgegliedert.

Tektonische Platten verschieben sich meist um 3 bis 4 cm pro Jahr. Bei starken Erdbeben kommt es zu weit größeren Verschiebungen. Manchmal tun sich tiefe Spalten auf.

122

✏️ Nach einem starken Erdbeben vibriert die Erde wie eine Glocke mit einer extrem tiefen Frequenz.

✏️ Das schlimmste dokumentierte Erdbeben ereignete sich 1557 in China und forderte mehr als 800 000 Todesopfer.

✏️ 1811 ließ ein Erdbeben den Mississippi rückwärtsfließen.

Lavaströme

☛ Die Temperatur von Lava variiert je nach chemischer Zusammensetzung. Hawaiilava (basaltisch) ist etwa 1100 °C heiß.

☛ Lava kann, angetrieben durch in der Masse gelöste Gasblasen, bis zu 600 m hoch über den Vulkan emporgeschleudert werden.

DATEN VULKAN FAKTEN

☛ Die meisten Vulkane entstehen im Bereich der Bruchstellen tektonischer Platten.

☛ Der Ausbruch des Tambora auf Java setzte 1815 so viel Asche frei, dass es zwei extrem kühle Sommer gab, weil weltweit die Sonne verdunkelt wurde.

☛ Die Eruption der Vulkaninsel Krakatau 1883 bei Java war noch in 10 000 km Entfernung zu hören.

☛ Einer der gewaltigsten Vulkanausbrüche ereignete sich vor 2,2 Mio. Jahren in Nordamerika. Es wurde genug Magma ausgeworfen, um den größten heutigen Vulkan sechsmal aufzuschütten.

☛ Es gibt rund 1510 aktive Vulkane auf der Erde.

☛ Der Cuexcomate in Mexiko ist mit 13 m der kleinste Vulkan.

ERDE UND WELTALL

Steinkugeln

Merkur, Venus und Mars haben wie die Erde eine Gesteinskruste.

Wunderschöne Venus

☛ Mit den gelben Wolken sieht die Venus sehr attraktiv aus, weshalb sie nach der römischen Liebesgöttin benannt wurde. Die Wolken bestehen allerdings aus Schwefelsäure.

☛ Die Venus ist mit einer Temperatur von 465 °C der heißeste Planet des Sonnensystems.

Mehr über die Venus

✎ Die Atmosphäre der Venus ist so dicht, dass der Druck auf der Oberfläche 90-mal höher ist als auf der Erde.

✎ Die Venus dreht sich sehr langsam. Sie braucht 225 Tage, um die Sonne zu umrunden, und 243 für eine Drehung um die eigene Achse. Ein Venustag ist länger als ein Venusjahr.

✎ Anders als die meisten Planeten dreht sich die Venus gegenläufig zu ihrer Umlaufbahn; man weiß noch nicht, warum das so ist.

✎ Manchmal erglühen durch Gewitter die Wolken um die Venus. Der Astronom Franz von Gruithuisen sah darin Feuer, die die Bewohner der Venus bei der Krönung eines neuen Kaisers entzündeten.

Die Wolkendecke der Venus ist viele Kilometer dick. Das Bild links zeigt die Wolken an der Oberfläche, das rechts die Wolken mehrere Kilometer darunter.

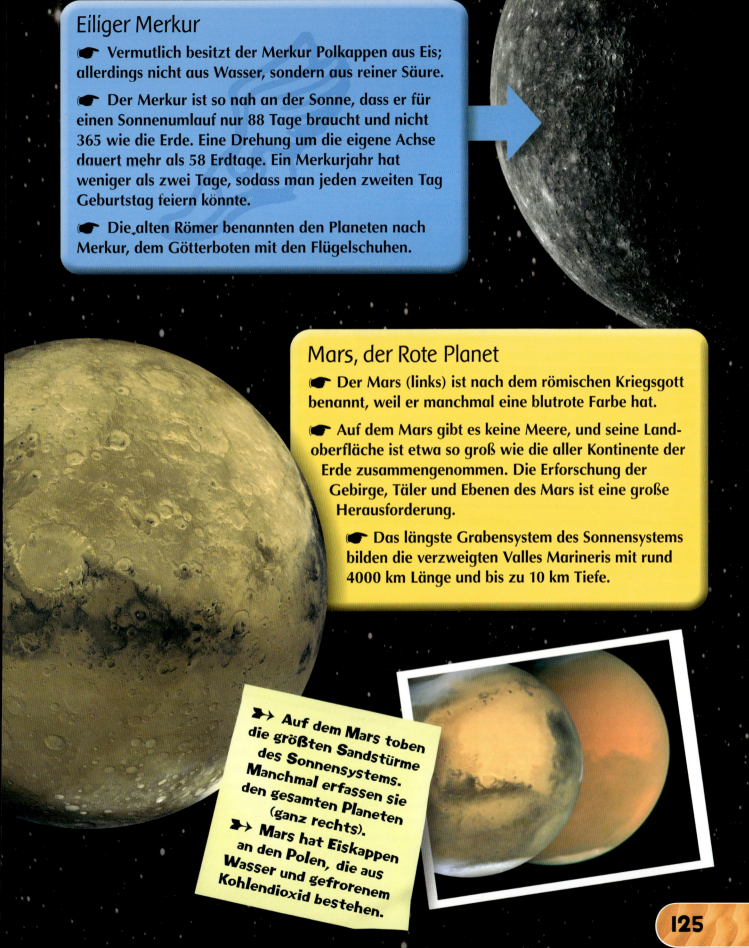

Eiliger Merkur

☛ Vermutlich besitzt der Merkur Polkappen aus Eis; allerdings nicht aus Wasser, sondern aus reiner Säure.

☛ Der Merkur ist so nah an der Sonne, dass er für einen Sonnenumlauf nur 88 Tage braucht und nicht 365 wie die Erde. Eine Drehung um die eigene Achse dauert mehr als 58 Erdtage. Ein Merkurjahr hat weniger als zwei Tage, sodass man jeden zweiten Tag Geburtstag feiern könnte.

☛ Die alten Römer benannten den Planeten nach Merkur, dem Götterboten mit den Flügelschuhen.

Mars, der Rote Planet

☛ Der Mars (links) ist nach dem römischen Kriegsgott benannt, weil er manchmal eine blutrote Farbe hat.

☛ Auf dem Mars gibt es keine Meere, und seine Landoberfläche ist etwa so groß wie die aller Kontinente der Erde zusammengenommen. Die Erforschung der Gebirge, Täler und Ebenen des Mars ist eine große Herausforderung.

☛ Das längste Grabensystem des Sonnensystems bilden die verzweigten Valles Marineris mit rund 4000 km Länge und bis zu 10 km Tiefe.

➤ Auf dem Mars toben die größten Sandstürme des Sonnensystems. Manchmal erfassen sie den gesamten Planeten (ganz rechts).

➤ Mars hat Eiskappen an den Polen, die aus Wasser und gefrorenem Kohlendioxid bestehen.

ERDE UND WELTALL

Gasriesen

Vier weit von der Sonne entfernte Planeten sind riesige Gasbälle.

DATEN JUPITER FAKTEN

👉 Jupiter ist der größte Planet des Sonnensystems.

👉 Trotz seiner Größe dreht sich der Jupiter unglaublich schnell um die eigene Achse – in weniger als 10 Stunden; die Erde braucht 24 Stunden. Bei einem Umfang von 450 000 km bedeutet dies, dass sich ein Punkt der Oberfläche mit 45 300 km/h dreht. Also gut festhalten!

👉 Die Masse des Jupiter ist so gewaltig, dass er von der eigenen Schwerkraft zusammengedrückt und zum Glühen gebracht wird.

👉 Der Große Rote Fleck ist ein gewaltiger Sturm, der schon seit mehr als 300 Jahren zu beobachten ist.

Riesige Planeten

✏️ Unter der Atmosphäre des Jupiter könnte sich ein Ozean mit einer Tiefe von 25 000 km verbergen. Tief genug, um die Erde darin zu versenken.

✏️ Weil der Jupiter überwiegend flüssig ist, führt seine schnelle Rotation zu einer Ausdehnung in der Mitte.

✏️ Alle vier Gasriesen – Jupiter, Saturn, Neptun und Uranus – haben vermutlich einen kleinen festen Kern aus Metall oder Gestein.

✏️ Uranus und Neptun bezeichnet man auch als Eisriesen, denn sie sind im Innern meist gefroren.

Die Eisigen: Uranus und Neptun

☛ Uranus (links) und Neptun (unten) sind so weit von der Sonne entfernt, dass es an ihrer Oberfläche −213 °C kalt ist.

☛ Uranus und Neptun sind blau, weil ihre Atmosphären Methangas enthalten.

☛ In einem Uranussommer geht die Sonne 20 Jahre lang nicht unter. Sie steht permanent am Himmel. Entsprechend ist es im Winter auf dem Uranus 20 Jahre dunkel.

☛ Auf dem Neptun blasen die stärksten Winde des Sonnensystems mit Böen von mehr als 2000 km/h.

Schnittiger Saturn

☛ Saturn ist leicht: Er würde in Wasser schwimmen.

☛ Den Saturn umgibt ein scheibenförmiges Ringsystem, das über 70 000 km breit, aber weniger als 1000 m dick ist. Es besteht aus kleinen Eis- und Gesteinsklumpen.

☛ Die Saturnringe sind zwar sehr dünn, aber so ausgedehnt, dass man aus der darin enthaltenen Materie einen Planeten von fast 200 km Durchmesser schaffen könnte. Möglicherweise ist diese Materie der Überrest eines Mondes, der durch Kollision mit einem Asteroiden oder Kometen zerplatzt ist.

☛ Der Saturn ist im Innern mit 11 700 °C sehr heiß und strahlt mehr Energie ins Weltall ab, als er von der Sonne aufnimmt.

ERDE UND WELTALL

Großartige Monde

Riesige Felsblöcke umkreisen die meisten Planeten, nicht nur unsere Erde.

DATEN MOND FAKTEN

☛ Der Mond der Erde ist das größte und hellste Objekt am Nachthimmel. Doch er leuchtet nur, weil er das Licht der Sonne reflektiert.

☛ Überall auf dem Mond gibt es dunkle Flecken, die man früher für Meere hielt. Sie wurden als „mare", lateinisch für Meer, bezeichnet. Heute wissen wir, dass es sich um trockene Ebenen handelt, die in der Frühzeit des Mondes bei Vulkanausbrüchen durch Lava geformt wurden.

☛ Die Schwerkraft auf dem Mond beträgt nur ein Sechstel der auf der Erde. Astronauten wiegen dort so viel wie ein Kind auf der Erde.

☛ Der Mond umkreist in 27,3 Tagen die Erde, doch der Abstand zwischen zwei Vollmonden beträgt 29,53 Tage, weil sich die Erde auch bewegt. Ein Mondmonat hat 29,53 Tage.

☛ Das Wort Monat leitet sich vom Mond ab, der in dieser Zeitspanne die Erde umkreist.

➤➤ Im Englischen bezeichnet man das Phänomen, dass es in einem Kalendermonat zu einem zweiten Vollmond kommt, als „Blue Moon". Es ist sehr selten und tritt nur alle 33 Monate auf.

➤➤ Manchmal wirkt der Mond durch Rauch in der Erdatmosphäre tatsächlich bläulich.

128

Auf dem Erdmond gibt es weder Atmosphäre noch Wind, und der Staub auf seiner Oberfläche bewegt sich nicht. Die Fußabdrücke der Apolloastronauten von 1969 sind bis heute perfekt erhalten.

Noch mehr Monde

- Im Sonnensystem gibt es mehr als 150 bekannte Monde.

- Alle Planeten, bis auf Venus und Merkur, werden von Monden oder „Trabanten" umkreist. Der Jupiter hat 63.

- Der Saturnmond Japetus ist auf der einen Seite weiß, auf der anderen schwarz.

- Die meisten Uranusmonde tragen Frauennamen, doch sie sind nicht unbedingt hübsch. Miranda wurde vermutlich durch eine Kollision deformiert.

Den Mars umkreisen zwei kleine Monde, Phobos (abgebildet) und Deimos. Sie sind nach den Pferden benannt, die den Streitwagen des Gottes Mars zogen.

ERDE UND WELTALL

Gewaltige Sterne

Die Sterne am Nachthimmel sind wie unsere Sonne riesige leuchtende Bälle.

➤➤ Die dunkleren Stellen auf der Sonnenoberfläche werden als Sonnenflecken bezeichnet. Sie sind dunkler, weil sie etwas weniger heiß sind.

➤➤ Jeder Quadratzentimeter der Sonnenoberfläche leuchtet so hell wie 80 000 Kerzen.

Sirius, der hellste Stern am Nachthimmel, besitzt einen Weißen Zwerg (Sirius B) als Begleiter. Sirius erscheint besonders hell, weil er uns näher ist als andere Sterne.

DATEN STERNE FAKTEN

☛ Schwarze Zwerge sind sehr kleine, ausgeglühte Sterne.

☛ Rote Riesen sind alte Sterne, die sich langsam ausdehnen und deren Farbe sich beim Abkühlen von Weiß nach Rot verändert. Die größten Sterne blähen sich zum 100-Fachen ihrer ursprünglichen Größe zu sogenannten Überriesen auf.

☛ Kleine Sterne leuchten rund 200 Mrd. Jahre. Mittelgroße Sterne bringen es auf 10 Mrd. Jahre, und ganz große Sterne erstrahlen nur 10 Mio. Jahre lang.

☛ Das Innere eines Sterns ist bis zu 16 Mio. °C heiß. Ein Sandkorn mit dieser Temperatur wäre für einen Menschen noch in 160 km Entfernung tödlich.

☛ Die größeren Sterne sind 100-mal größer und leuchten 1000-mal heller als die Sonne.

Unter der Sonne

☛ Die Sonne ist 149,6 Mio. km von der Erde entfernt. Weil sie weiter weg ist, erscheint sie am Himmel ähnlich groß wie der Mond. Tatsächlich ist sie aber 400-mal größer.

☛ Die Temperatur an der Oberfläche beträgt rund 6000 °C.

☛ Die Hitze aus dem Innern führt zu Eruptionen an der Oberfläche. Die Sonnenaktivität zeigt sich auch in Form von Fackeln oder Protuberanzen (Bild unten).

Ein Stern unter vielen

✎ Die Sonne ist ein mittelgroßer Stern in der Mitte seiner Lebenszeit von etwa 10 Milliarden Jahren. Die Entfernung zur Erde beträgt 149,6 Millionen km und nicht Milliarden wie bei anderen Sternen.

✎ Wie die Erde besitzt die Sonne einen Kern; aber in ihrem bildet sich durch Kernfusion die enorme Hitze. Es dauert 10 Millionen Jahre, bis sie zur Oberfläche gelangt. Die Hitzeenergie verwandelt die Oberfläche in ein glühendes Inferno, das mit seiner Strahlung die Erde erwärmt und für das Tageslicht sorgt.

➤➤ Der Rote Überriese VV Cephei ist der Stern mit dem größten Durchmesser und einer Leuchtkraft von rund 300 000 Sonnen.

➤➤ Der kleinste Stern ist immer noch 100-mal größer als der Jupiter.

ERDE UND WELTALL

Weltraummüll

Milliarden von Stein- und Eisklumpen schwirren durch unser Sonnensystem.

Meteoroiden und Meteoriten

☛ Meteoriten sind von größeren Asteroiden oder Kometen abgesprengte Stein- oder Eisenbrocken.

☛ Viele Meteoriten kreuzen die Bahn der Erde, doch meist sind sie so winzig, dass sie beim Eintritt in die Erdatmosphäre verglühen.

☛ Größere Brocken, die nicht vollständig verglühen und auf der Erdoberfläche einschlagen, werden Meteoroiden genannt.

☛ Etwa alle 50 Mio. Jahre kollidiert die Erde mit einem Meteoroiden von mehr als 10 km Durchmesser.

Der Asteroid Ida ist etwa so groß wie New York City und hat einen eigenen Mond. Die Krater an seiner Oberfläche verweisen auf sein hohes Alter.

➤➤ Die meisten Meteoriten sind nicht einmal faustgroß. Einige sind aber sehr viel größer.

➤➤ Diese können beim Einschlagen auf dem Boden erhebliche Zerstörungen anrichten: Sie reißen Krater auf und können das gesamte Ökosystem schädigen.

Kometen sehen wunderbar aus, sind aber nur schmutzige Eisbälle von wenigen Kilometern Durchmesser. Allerdings können sie Meteoroiden zerstören, die ihre Bahn kreuzen, und bei einem Einschlag auf der Erde Klimaveränderungen hervorrufen.

Sternschnuppen

✎ Wenn Meteoriten verglühen, zeichnen sie eine leuchtende Spur in den Nachthimmel, die man als Meteor oder Sternschnuppe bezeichnet.

✎ Gelegentlich kreuzt ein großer Schwarm Meteoriten die Bahn der Erde, und es kommt zu einem Sternschnuppenregen am Nachthimmel.

DATEN KOMETEN FAKTEN

☞ Die Bahn von Kometen verläuft größtenteils fern der Sonne. Wenn sie sich der Sonne nähern, schmilzt ihr Eis und wird zu einem Millionen Kilometer langen Schweif aus Gas und Staub.

☞ Der Große Märzkomet von 1843 hatte den längsten bisher gemessenen Schweif. Mit 300 Mio. km entsprach der Schweif der doppelten Entfernung der Erde zur Sonne.

☞ Die Bezeichnung Komet leitet sich von dem griechischen Wort für „Haar" ab.

☞ Der schwerste Crash wurde im Juli 1994 beobachtet, als der Komet Shoemaker-Levy 9 auf dem Jupiter einschlug.

☞ Der Komet Hyakutake verliert pro Sekunde 9 t Wasser, wenn er an der Sonne vorbeizieht.

☞ Der Halleysche Komet erscheint alle 76 Jahre. Oft sah man in ihm die Ursache dramatischer Geschehnisse. Zuletzt passierte er 1986 die Erde.

ERDE UND WELTALL

Rennen ins All

In den 1950er-Jahren lieferten sich die USA und die Sowjetunion ein Kopf-an-Kopf-Rennen auf dem Weg ins All.

Bei Schwerelosigkeit funktioniert ein Kugelschreiber nicht. Die US-Raumfahrtbehörde NASA beschaffte deshalb aufwendig konstruierte Schreibgeräte für ihre Astronauten. Die Sowjetunion hatte eine bessere Lösung: Die Kosmonauten benutzten einfach Bleistifte.

➤➤ Der Russe Juri Gagarin (links) umkreiste als erster Mensch im April 1961 die Erde.

➤➤ Er überlebte den Flug im Weltraum, kam aber sieben Jahre später bei einem Flugzeugabsturz ums Leben.

Wunder der Schwerelosigkeit

✏ Der Gang zur Toilette ist bei Schwerelosigkeit ein Problem. Die Exkremente werden abgesaugt, gefriergetrocknet und gut verpackt gelagert.

✏ Astronauten brauchen im All kein Bett: Sie schweben, durch Gurte gesichert, im Raum.

Shuttle Service

👉 Die Booster-Raketen des NASA-Spaceshuttles verbrennen jeweils 4,5 t Treibstoff pro Sekunde.

👉 Das Hauptantriebsaggregat der Raumfähre liefert 40-mal mehr Leistung als das einer Lokomotive, wiegt aber nur ein Siebtel davon.

👉 An der Abschussrampe aufgerichtet, sind Shuttle und Booster 58 m hoch und damit 12 m höher als die Freiheitsstatue.

👉 Um eine Umlaufbahn in 200 km Höhe zu halten, muss die Raumfähre fast 30 000 km/h schnell fliegen.

👉 Der Shuttle braucht nur acht Minuten, um von der Erde abzuheben und die Umlaufgeschwindigkeit zu erreichen.

Tiere im Weltall

✏️ Das erste Lebewesen im All war 1957 die Hündin Laika (oben) an Bord des russischen Satelliten *Sputnik 2*. Leider konnte sie nicht zur Erde zurückgebracht werden.

✏️ Bei Experimenten unter Schwerelosigkeit stellte sich heraus, dass Frösche beim Erbrechen nicht nur den Inhalt, sondern den gesamten Magen hochwürgen. Der Magen hängt dem Frosch aus dem Maul, der Inhalt wird entleert, und das Tier schluckt seinen Magen wieder hinunter.

DATEN RAUMANZUG FAKTEN

👉 Astronauten müssen bei Einsätzen außerhalb ihres Raumfahrzeugs spezielle Raumanzüge tragen.

👉 Im Vakuum des Weltraums würde das Blut der Astronauten zu kochen beginnen, wenn ihre Körper nicht durch Druck- und Kühlsysteme geschützt wären.

👉 Raumanzüge kosten bis zu 22 Mio. Dollar. Heute tragen die Astronauten meist billigere Anzüge (1,8 Mio. Dollar), die aber nur rund 460 Stunden Einsatz überstehen.

👉 Astronauten werden im All etwas größer, weil durch die geringere Schwerkraft ihre Knochenknorpel weniger zusammengepresst werden. Dies muss beim Anpassen der Anzüge auf der Erde berücksichtigt werden.

ERDE UND WELTALL

Unendliches Universum

Unsere Galaxis ist nur eine von Milliarden Galaxien in einem expandierenden Universum.

Groß und immer größer

✎ Das Universum umfasst das gesamte Weltall mit seinen Objekten. In ihm finden sich mehr als 100 Milliarden Galaxien (Sternensysteme), die jeweils aus 100 Milliarden Sternen bestehen.

✎ Die am weitesten von der Erde entfernten Galaxien bewegen sich fast mit Lichtgeschwindigkeit von uns weg.

✎ Heute folgen viele Wissenschaftler der Urknalltheorie, nach der das Universum vor rund 13,7 Milliarden Jahren buchstäblich aus dem Nichts entstand und sich seitdem mit unvorstellbarer Geschwindigkeit ausdehnt.

Mit bloßem Auge kann man jenseits der Milchstraße drei weitere Galaxien erkennen: den 2,5 Millionen Lichtjahre entfernten Andromedanebel (oben) und die Große und Kleine Magellan'sche Wolke.

DATEN MILCHSTRASSE FAKTEN

☛ Die alten Griechen nannten unsere Galaxis Milchstraße, weil sie sich wie ein Band über den Nachthimmel zieht, das sie für die Milch der Göttin Hera hielten.

☛ Die Milchstraße besteht aus 400 bis 500 Milliarden Sternen. Sie misst 100 000 Lichtjahre im Durchmesser und 1000 Lichtjahre in der Höhe. In der 3000 Lichtjahre dicken Ausbuchtung im Zentrum befinden sich alte Sterne, Staub und Gas.

☛ Die Milchstraße dreht sich mit hoher Geschwindigkeit und wirbelt die Sonne und die anderen Sterne mit rund 900 000 km/h umher.

☛ Unser Sonnensystem braucht 250 000 Jahre, um das Zentrum der Milchstraße zu umrunden.

☛ Die Durchschnittsentfernung zwischen Sternen in den Spiralarmen der Milchstraße beträgt wahrscheinlich sieben Lichtjahre, das ist das 443 000-fache der Entfernung von der Erde zur Sonne.

Sternensandwich
Eine Spiralgalaxie sieht einem Spiegelei ähnlich. In Wirklichkeit aber sind diese Galaxien eher wie ein Hamburger geformt. Die Brötchenhälften bestehen aus unsichtbarer Dunkler Materie, die Sterne sind der Belag.

Spiralgalaxien können sich um ein Schwarzes Loch drehen, das wie ein Wasserablauf Sterne ansaugt. Galaxien haben einen fraktalen Aufbau (oben).

➤➤ Galaxien sind oft in Gruppen von bis zu 1000 Einheiten, den Clustern, angeordnet.

➤➤ Wenn Du drei Sandkörner in einer Sportarena verteilst, ist diese damit voller als eine Galaxie mit Sternen.

Schwarze Löcher
Die meisten Galaxien haben in ihrem Zentrum solch ein Schwarzes Loch, das mit seinem starken Gravitationsfeld sogar Licht in sich hineinzieht.

VERRÜCKTE NATUR

Regen, Regen

Wir wissen, dass Wasser vom Himmel fällt, doch was macht man, wenn es Frösche regnet?

DATEN REGEN FAKTEN

👉 Regentropfen haben nie die Form von Tränen; sie sind meist kugelförmig. Die größten Regentropfen haben die Form von Doughnuts.

👉 Der typische Regengeruch wird durch Pilzsporen im Boden hervorgerufen.

👉 Der meiste Regen geht über dem Meer nieder. Zwei Drittel des Regens über Land fallen in tropischen Gebieten.

1976 fielen im Big Thompson Canyon in Colorado in vier Stunden 250 mm Regen. 50 Mio. t Wasser wälzten sich in einer Sturzflut durch den Canyon.

In Bournemouth in England wurde 1948 eine Gruppe von Golfspielern jäh in ihrem Spiel unterbrochen, als es Heringe regnete. Die Fische fielen aus einem völlig klaren Himmel herab.

Merkwürdiger Regen

🖊 Im Jahr 1873 ließ ein Sturm über Missouri Frösche vom Himmel fallen.

🖊 Ein Fischer wurde vor den Falklandinseln von einem Tintenfisch bewusstlos geschlagen, der gefroren vom Himmel gefallen war.

➺ Die größten Wolken der Welt sind die Gewitterwolken (Cumulonimbus), die manchmal über 20 km groß sein können und bis zu 450 000 t Wasser enthalten.

➺ Zirruswolken schweben so hoch am Himmel, dass sie aus Eiskristallen bestehen.

Platzregen

☛ Der feuchteste Ort der Welt ist wohl Tutunendo in Kolumbien, wo jedes Jahr fast 12 000 mm Niederschlag fallen, in Frankfurt sind es 650 mm.

☛ Die regnerischste Gegend der Welt ist der Mount Wai'ale'ale auf Hawaii, wo es 360 Tage im Jahr regnet.

☛ 1952 fielen auf der Insel Réunion im Indischen Ozean an einem Tag 1870 mm Regen.

☛ Am 22. Juni 1947 strömten innerhalb von 42 Minuten 300 mm Regen auf Holt in Missouri herunter.

☛ Innerhalb einer Minute prasselten 40 mm Regen auf Guadeloupe herab.

☛ 1903 wälzte sich nach einem Wolkenbruch eine 6 m hohe Flutwelle durch den Ort Heppner in Oregon.

☛ Der Februar 1998 war der feuchteste Monat in Kalifornien überhaupt mit einer Regenmenge von 550 mm.

Im Juli 2001 fiel in Kerala in Indien roter Regen. Zunächst dachte man, ein Meteor habe das Phänomen verursacht, bis Analysen ergaben, dass das Regenwasser durch Pilzsporen gefärbt war.

VERRÜCKTE NATUR

Stürmisch

Auf der Erde kann es sehr windig sein. Also gut festhalten!

Der Rekord für Windgeschwindigkeit wurde am 12. April 1934 bei der Wetterstation auf dem Mount Washington (USA) mit 372 km/h registriert.

DATEN WIND FAKTEN

☛ Wind entsteht auf der Erde, weil es wärmere und weniger warme Bereiche gibt. An den wärmeren Stellen steigt Luft noch oben und zieht dabei unten Kaltluft an. Diese Luftbewegung spüren wir als Wind.

☛ An der Küste ist es fast immer windig. Wenn sich das Land bei Tag erwärmt, steigt Warmluft nach oben und zieht Luft vom kühleren Meer an. Bei Nacht kühlt das Land ab, und der Wind wechselt die Richtung.

☛ In Western Australien nennt man den kühlen, von See wehenden Wind „Fremantle Doctor", weil er den Leuten im heißen Sommer Linderung verschafft.

☛ In Großbritannien sind die Golfplätze an der Küste speziell für windiges Wetter ausgelegt.

Zugige Orte

✏ Die höchste durchschnittliche Windgeschwindigkeit gibt es an der George-V.-Küste in der Antarktis. Hier bläst der Wind mit 300 km/h und mehr.

✏ Obwohl man Chicago die „Windige Stadt" nennt, ist Dodge City in Kansas die windigste Stadt der USA.

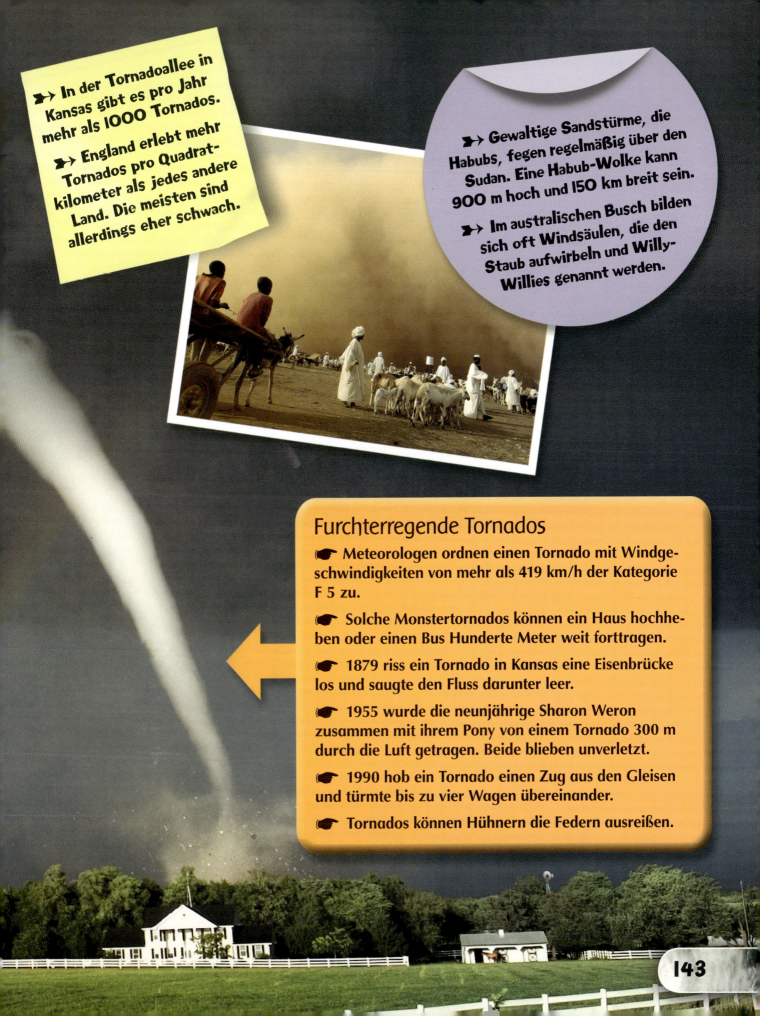

➤ In der Tornadoallee in Kansas gibt es pro Jahr mehr als 1000 Tornados.

➤ England erlebt mehr Tornados pro Quadratkilometer als jedes andere Land. Die meisten sind allerdings eher schwach.

➤ Gewaltige Sandstürme, die Habubs, fegen regelmäßig über den Sudan. Eine Habub-Wolke kann 900 m hoch und 150 km breit sein.

➤ Im australischen Busch bilden sich oft Windsäulen, die den Staub aufwirbeln und Willy-Willies genannt werden.

Furchterregende Tornados

☛ Meteorologen ordnen einen Tornado mit Windgeschwindigkeiten von mehr als 419 km/h der Kategorie F 5 zu.

☛ Solche Monstertornados können ein Haus hochheben oder einen Bus Hunderte Meter weit forttragen.

☛ 1879 riss ein Tornado in Kansas eine Eisenbrücke los und saugte den Fluss darunter leer.

☛ 1955 wurde die neunjährige Sharon Weron zusammen mit ihrem Pony von einem Tornado 300 m durch die Luft getragen. Beide blieben unverletzt.

☛ 1990 hob ein Tornado einen Zug aus den Gleisen und türmte bis zu vier Wagen übereinander.

☛ Tornados können Hühnern die Federn ausreißen.

VERRÜCKTE NATUR

Haltlose Hurrikane

Die größte Zerstörungskraft haben die Hurrikane, die sich in den Tropen bilden.

Jeder Hurrikan bekommt einen Namen aus der jährlichen Liste der Weltorganisation für Meteorologie. Die Namensliste ist alphabetisch geordnet, sodass der erste Hurrikan eines Jahrs z. B. Andrew heißen könnte. Es gibt eine Liste für Stürme im Atlantik und eine für die im Pazifik.

DATEN HURRIKAN FAKTEN

☞ Ein Hurrikan setzt pro Sekunde dieselbe Energie frei wie eine kleine Atombombe.

☞ Hurrikane ziehen von Osten nach Westen. Sie entfesseln Winde mit bis zu 360 km/h.

☞ Ein durchschnittlicher Hurrikan dauert neun Tage. Er flaut ab, wenn er Gebiete mit kühlerer Luft erreicht.

☞ In den ersten zwölf Stunden, die sie auf Land wüten, richten Hurrikane besonders schwere Schäden an.

☞ Im Zentrum eines Hurrikans liegt das Auge, ein fast windstiller Bereich.

Verheerende Stürme

☛ 1970 wurde Bangladesh von dem tödlichsten Hurrikan überhaupt getroffen. Der Sturm forderte 250 000 Opfer.

☛ Hurrikan Katrina, der im September 2005 New Orleans erfasste, richtete in der Stadt Schäden in Höhe von 200 Mrd. Dollar an. Millionen Einwohner mussten ihre Häuser verlassen.

☛ Die größten Schäden bei Katrina entstanden, als die Deiche brachen und Wassermassen die Stadt überfluteten.

☛ Am 16. Oktober 1987 traf ein Hurrikan England, nachdem kurz zuvor ein Meteorologe im Fernsehen Entwarnung gegeben hatte.

Hurrikane heben den Meeresspiegel an und verursachen Sturmfluten. 1899 löste ein Hurrikan in der Bathurst Bay in Australien eine Flutwelle von 13 m Höhe aus.

Ein zorniger Gott

Das Wort Hurrikan verdanken wir den Maya in Zentralamerika, die Hurican verehrten, den grimmigen Gott des Windes.

Hurrikan-Angriff

☛ Hurrikane können sich das ganze Jahr über bilden; doch die offizielle Hurrikansaison im Atlantik dauert vom 1. Juni bis 30. November.

☛ Im Durchschnitt gibt es sechs bis acht Hurrikane pro Jahr. 1969 war aber eine Rekordsaison mit insgesamt zwölf Hurrikanen.

☛ Man bezeichnet Hurrikane auch als Taifune oder tropische Zyklone. Wie immer man sie nennt, es sind fürchterliche Stürme.

VERRÜCKTE NATUR

Tödliche Fluten

Wenn Flüsse über die Ufer treten oder der Meeresspiegel ansteigt, können die Folgen verheerend sein.

➤➤ An einem Fluss gelegene Städte können durch Hochwasser verwüstet werden. Die Thames Barrier (unten) schützt London vor Flutwellen.

➤➤ Prag erlebte 2002 die schlimmste Überschwemmung, als der Pegel der Moldau um 10 m anstieg.

Asiatische Fluten

☛ Die Überschwemmungen des Monsuns in Indien töten jährlich rund 1000 Menschen; doch würde der Regen ausbleiben, müssten Millionen verhungern. 1770 starben in Bengalen 10 Millionen Menschen, weil es nicht regnete.

☛ In Bangladesh kommt es regelmäßig im Schwemmland um die drei Ströme Brahmaputra, Ganges und Maghna zu Überschwemmungen. Das Wasser dieser Flüsse kommt großteils aus dem Himalaja, sodass weit entfernte Regenfälle das Hochwasser auslösen.

Globale Erwärmung

✏ Nach der letzten Eiszeit stieg der Meeresspiegel um 130 m an, als das Eis schmolz.

✏ Auch heute steigt durch die globale Erwärmung der Meeresspiegel an. Bald könnten ganze Inseln versinken. Die Bewohner der Insel Tuvalu im Pazifik planen bereits ihre Umsiedlung.

DATEN TSUNAMI FAKTEN

☛ Tsunami sind durch Erdbeben oder unterseeische Erdrutsche ausgelöste Riesenwellen. Sie können gewaltige Schäden anrichten, wenn sie auf Land treffen.

☛ Ein Tsunami kann mit bis zu 800 km/h über den Ozean rasen – so schnell wie ein Düsenflugzeug. 1960 erreichte ein in Chile ausgelöster Tsunami in weniger als 24 Stunden das 17 000 km entfernte Japan und tötete Hunderte Einwohner.

☛ Der Tsunami in Südostasien 2004 forderte etwa 300 000 Tote.

☛ 1958 löste ein Erdrutsch in Alaska eine mehr als 500 m hohe Welle aus.

Fluten in China

➤➤ 1332 ertranken 7 Millionen Chinesen, als der Gelbe Fluss (Hwangho) über die Ufer trat.

➤➤ 1887 forderte eine Überschwemmung des Hwangho erneut 2 Millionen Todesopfer.

➤➤ 1642 starben 300 000 Menschen, als chinesische Rebellen die Deiche bei Kaifeng zerstörten.

➤➤ Mehr als 500 000 Chinesen ertranken 1938, als nationalistische Truppen die Dämme des Hwangho sprengten, um den Vormarsch der Japaner zu stoppen.

➤➤ 1975 starben fast 250 000 Menschen, als der Banquio-Staudamm brach.

Große Bereiche der Niederlande und Teile von East Anglia in Großbritannien liegen unter dem Meeresspiegel: Ohne schützende Deiche würden sie überflutet.

VERRÜCKTE NATUR

Erschreckende Blitze

Grelle Blitze am Himmel bedeuten, dass sich die Luft elektrisch aufgeladen hat.

Blitzschläge

☞ Blitze fordern die meisten Todesopfer bei Unwettern. In den USA kommen doppelt so viele Personen durch Blitzschlag ums Leben als durch Hurrikane, Tornados oder Überschwemmungen.

☞ Wenn bei einem Gewitter Deine Haare abstehen, flüchte sofort in ein Haus oder Auto. Der Blitz könnte von Deinem Körper angezogen werden!

☞ Benutz bei Gewitter nie ein Festnetztelefon. Wenn ein Blitz in die Leitung einschlägt, kann die Ladung bis in den Hörer gelangen und Dir einen Schlag versetzen. Handys sind ungefährlich.

Manche sagen, ein Blitz schlage nie zweimal an derselben Stelle ein. Das ist falsch. Das Empire State Building (oben) wird durchschnittlich 20-mal pro Jahr getroffen. Einmal gab es 15 Blitzeinschläge innerhalb von 15 Minuten.

Donnerschläge

✏ Donner entsteht, wenn die Luft durch den Blitz aufgeheizt wird und sich mit Überschallgeschwindigkeit ausdehnt. Das ist das Gleiche, als wenn Du eine Papiertüte platzen lässt, nur viel lauter.

✏ Weil Schall sich langsamer ausbreitet als Licht, sehen wir zuerst den Blitz und hören den Donner später. Der Donner verzögert sich pro Kilometer Entfernung vom Sturmzentrum um drei Sekunden.

✏ Wir können Donner in bis zu 20 km Entfernung hören.

✏ Das Rollen des Donners entsteht, wenn ein Blitzende weiter entfernt ist als das andere und der Schall länger unterwegs ist.

Aus heiterem Himmel

✏ Gelegentlich treten Blitze aus der Oberseite einer Wolke aus und schlagen viele Kilometer vom Gewitter entfernt ein. Sie werden auch als positive Blitze bezeichnet.

✏ Manchmal spricht man bei ihnen auch von einem „Blitz aus heiterem Himmel", weil er aus einem klaren blauen Himmel niederfährt.

Stark verzweigte Fächerblitze können bis zu 50 km an der Unterseite von Wolken „entlangkriechen". Das ist ein seltenes und beindruckend schönes Blitzphänomen.

DATEN BLITZE FAKTEN

☛ Ein Blitz ist heller als 100 Millionen 100-Watt-Glühlampen. Für den Bruchteil einer Sekunde hat er mehr Energie als alle Elektrizitätswerke der USA zusammen.

☛ Ein Blitz rast mit bis zu 100 000 km pro Sekunde; das ist 30 000-mal schneller als eine Gewehrkugel. Er bewegt sich entlang eines Blitzkanals, der nur so dick ist wie ein Finger, dafür aber bis zu 14 km lang.

☛ Die Temperatur eines Blitzes kann mehr als 25 000 °C betragen und viermal heißer sein als die Oberfläche der Sonne.

☛ Jeden Tag gibt es etwa 44 000 Gewitter. In jeder Sekunde schlagen circa 100 Blitze ein.

VERRÜCKTE NATUR

Eisige Kälte

Wenn die Temperatur sinkt, geht der Regen in Schnee über. Manchmal ist es aber selbst für Schneefall zu kalt.

➔ In den USA fällt mehr Schnee als am Nordpol, denn am Pol ist es für Schneefall meist zu kalt.

➔ Das Eis, aus dem arktische Eisberge bestehen, ist zwischen 3000 und 6000 Jahre alt.

Gänsehaut

✏ Wenn Du frierst, bekommst Du manchmal eine Gänsehaut. Muskeln ziehen sich zusammen und lassen die Haare hochstehen, um so ein isolierendes Luftpolster zu bilden. Beim Fell von Tieren funktioniert das gut, doch für uns ist das ziemlich nutzlos, weil wir dafür zu wenig Haare haben.

✏ Bei Wind verstärkt sich der Wärmeverlust, und man empfindet es als viel kälter, als das Thermometer angezeigt.

Arktische Kälte

☛ Die niedrigste je gemessene Temperatur lag bei −89 °C in der Antarktis.

☛ Die Durchschnittstemperatur bei Poljus Nodostupnosti in der Antarktis beträgt −58 °C.

W. A. Bentley fotografierte seit 1885 Tausende von Schneeflocken durch ein Mikroskop. Er erkannte, dass alle Schneeflocken sechseckig sind, aber keine der anderen genau gleicht.

Diese Mädchen leben in der kältesten Stadt der Welt: In Werchojansk in Jakutien (Sibirien) wurden schon –68 °C gemessen.

Neuschnee

☛ Bei einem durchschnittlichen Schneesturm können mehr als 40 Mio. t Schnee fallen.

☛ Im Winter 1998/99 fielen auf dem Mount Baker in der Nähe von Seattle 30 m Schnee, ein Weltrekord. Die Schneehöhe hätte gereicht, um ein Mehrfamilienhaus darunter zu begraben.

☛ Die größte je gefundene Schneeflocke hatte einen Durchmesser von mehr als 30 cm. Sie fiel am 28. Januar 1887 auf Fort Keogh in Montana.

VERRÜCKTE NATUR

Zähe Pflanzen

Pflanzen können selbst in den extremsten Bereichen der Erde überleben, ob auf eisigen Bergspitzen oder in glühenden Wüsten.

Hochgebirgspflanzen

☞ Einige hoch auf den Gipfeln der Alpen wachsende Blumen wie das Edelweiß haben wollige Haare, die Kälte abhalten und vor Sonne schützen.

☞ Bäume können sogar den heftigen Winden der Arktis trotzen, wenn sie wie die Krautweide nah am Boden wachsen. Die Krautweide wird nur wenige Zentimeter hoch und gilt als kleinster Baum der Welt.

Der Arktische Mohn ist die Blume, die sich am weitesten zum Nordpol vorwagt. In der Arktis gibt es kaum Erde, sodass einige Pflanzen deshalb auf Tierkadavern wachsen.

➔ Der Saguaro-Kaktus aus Nordamerika wird bis zu 15 m hoch und kann 200 Jahre alt werden.

➔ Ein großer Saguaro kann mehr als 5000 l Wasser enthalten, so viel wie ein kleiner Swimmingpool.

DATEN WÜSTE FAKTEN

☞ In Trockenperioden wirft die Octillo-Pflanze alle Blätter ab, um weniger Feuchtigkeit zu verlieren. Regnet es, dann bilden sich neue Blätter.

☞ Der Köcherbaum geht sogar noch weiter und wirft in Zeiten der Dürre ganze Äste ab.

☞ Einige Wüstenpflanzen haben extra lange Wurzeln, um tief im Boden Wasser zu finden. Die Wurzeln von Mesquitebäumen reichen bis in 58 m Tiefe.

☞ „Lebende Steine" (Lithops) sitzen tief in der Erde und schützen sich so vor der Sonne.

☞ Es gibt Pflanzen, die nach unten wachsen und nicht nach oben. Sichtbar ist nur ein grünes „Fenster" zum Einfangen des Sonnenlichts.

Lianen im Regenwald müssen weit nach oben wachsen, um an Sonnenlicht zu gelangen. Aber sie brauchen dazu keinen eigenen Stamm, denn sie klettern mit kleinen Dornen an Bäumen hoch. Eine Liane kann sich bis zu 500 m von Baum zu Baum winden.

Scheintot

✎ Die meiste Zeit sehen die Blätter von „Wiederauferstehungspflanzen" verschrumpelt und abgestorben aus. Sobald es regnet, werden sie saftig grün – daher ihr Name.

✎ Die Rose von Jericho kann, vertrocknet zu einem kompakten Knäuel, mehrere Jahre überstehen. Wenn es regnet, öffnet sie sich und treibt aus.

Vulkanblumen

Der Silversword-Busch wächst auf den Gipfeln erloschener Vulkane auf Hawaii. Dort fallen nur 70 mm Niederschlag im Jahr, und der Silversword braucht 20 Jahre, um genug Wasser zu speichern, damit er blühen kann. Wenige Wochen nach der Blüte stirbt er ab.

VERRÜCKTE NATUR

Außergewöhnliche Pflanzen

Pflanzen entwickeln eine faszinierende Formenvielfalt.

DATEN URALT FAKTEN

👉 Der Gingko ist die älteste bekannte Pflanze, die sich über Samen vermehrt. Der Baum tauchte erstmals vor rund 180 Mio. Jahren auf.

👉 Als Wissenschaftler 10 000 Jahre alte Lupinensamen auspflanzten, die sie tiefgefroren im Boden am Yukon in Kanada gefunden hatten, entwickelten sich einige zu Pflanzen, und eine blühte sogar.

👉 Flechten sind zwar klein, aber sehr langlebig. Sie überleben an kalten Orten und wachsen extrem langsam. Einige Flechten in der Antarktis könnten rund 4500 Jahre alt sein.

Die Größten und Kleinsten

✏️ Der Königseukalyptus ist die größte blühende Pflanze. Ein Exemplar wurde 114 m hoch.

✏️ Die größten Blätter hat mit bis zu 20 m Länge die Raffiapalme.

✏️ Den größten Blütenstand entwickelt die *Puya raimondii*, eine Bromelienart aus den Anden. Sie misst bis zu 2,5 m im Durchmesser und 10 m in der Höhe und trägt rund 8000 Einzelblüten. Bis zur Blüte braucht die Pflanze 150 Jahre, dann stirbt sie ab.

✏️ Die Zwergwasserlinse treibt auf Teichen und ist die kleinste blühende Pflanze der Welt. 25 ihrer Blätter haben quer auf Deinem Fingernagel Platz. Ein Strauß mit zwölf Blüten passt auf einen Stecknadelkopf.

Fruchtiger Treibstoff

👉 Die Avocado ist mit über 900 kJ pro 100 g die energiereichste Frucht überhaupt.

👉 Den geringsten Nährwert hat die Salatgurke mit nur 52 kJ pro 100 g.

Seltsame Pflanzen

☛ Die *Welwitschia mirabilis* im südlichen Afrika hat eine tiefe Pfahlwurzel und nur zwei Blätter und kann so mehrere Hundert Jahre alt werden, obwohl es kaum regnet.

☛ Wenn man sich an den Dornen der Cholla-Kaktee verfängt, fallen die Zweige an ihnen so leicht ab, als würden sie abspringen.

☛ Zwei australische Orchideenarten blühen unterirdisch. Es ist unbekannt, wie die Bestäubung erfolgt.

☛ 1982 konnten Kosmonauten trotz Schwerelosigkeit eine Pflanze aufziehen und zum Blühen bringen.

Magnolien sind die ältesten Blüten tragenden Pflanzen. Man fand versteinerte Magnolien in 20 Millionen Jahre alten Gesteinsschichten.

Seerose

Die größte Wasserpflanze der Welt ist die am Amazonas beheimatete Riesenseerose. Die im Wasser treibenden Blätter sind groß wie Wagenräder, und ein nicht zu schwerer Mensch kann darauf übers Wasser laufen.

VERRÜCKTE NATUR

Tolle Bäume

Bäume liefern uns Sauerstoff und absorbieren das schädliche Kohlendioxid.

Groß gewachsen

☛ Die *Albizia falcataria*, ein tropisches Mimosengewächs, kann in einem Jahr fast 7 m wachsen.

☛ Der wilde Feigenbaum aus Transvaal in Südafrika entwickelt bis zu 120 m lange Wurzeln.

☛ Die Krone eines Banyanbaums im Botanischen Garten von Kalkutta in Indien überspannt rund 22 000 m².

In den kalifornischen White Mountains soll eine angeblich 4700 Jahre alte Borstenkiefer wachsen. In Nevada wurde 1964 eine 5100 Jahre alte Borstenkiefer gefällt.

Oldies

➤➤ In Tasmanien steht der älteste Strauch der Welt, der 43 000 Jahre alte King's Holly, eine Stechpalme.

➤➤ 1994 entdeckte ein Wanderer in Australien eine Wollemi-Kiefer. Bis dahin war diese Baumart nur aus 120 Mio. Jahre alten Fossilienfunden bekannt. Das war wie die Entdeckung eines lebenden Dinosauriers.

➤➤ Nadelbäume tauchten vor mehr als 300 Mio. Jahren auf, lange vor den Dinosauriern. Aus der Zeit vor 120 Mio. Jahren gibt es Fossilienfunde von Koniferenarten, die heute noch existieren.

Zähe Burschen

✎ Äxte, Feuer und Sturm können dem argentinischen Ombubaum kaum etwas anhaben. Er ist der widerstandsfähigste Baum der Welt.

✎ Eiben können über tausend Jahre alt werden, denn ihr langsamer, verdrehter Wuchs verleiht dem Stamm enorme Stärke. Eiben können ihr Wachstum verlangsamen, um nicht zu groß und sturmanfällig zu werden.

DATEN GRÜN FAKTEN

☛ Jährlich wird eine Holzmenge verbraucht, die einem Stapel von der Höhe des Mount Everest entspricht.

☛ Wenn die Regenwälder in unverändertem Tempo abgeholzt werden, wird 2020 nur noch die Hälfte des aktuellen Bestands übrig sein.

☛ Ein Hektar Wald gibt genug Sauerstoff ab, um 41 Menschen ein Jahr lang zu versorgen.

☛ Wenn ein Baum stirbt, gibt er das gesamte Kohlendioxid, das er in seinem Leben gespeichert hat, wieder in die Atmosphäre ab. Egal ob sein Holz verbrennt oder verrottet, exakt dieselbe Menge CO_2 wird freigesetzt.

➤➤ Eine ausgewachsene Eiche treibt in jedem Frühling eine Viertel Million neue Blätter aus, die sie im Herbst wieder verliert.

➤➤ In einem guten Jahr produziert eine einzige Eiche rund 50 000 Eicheln.

Baumriesen

☛ Der General-Sherman-Tree ist ein Riesenmammutbaum (oben) in Kalifornien. Mit 83,8 m Höhe und 31,1 m Stammumfang am Boden ist er der Baum mit dem größten Volumen. Er wiegt rund 6000 t.

☛ Der größte je entdeckte Baum war ein Eukalyptus in Australien, für den 1872 eine Höhe von mehr als 150 m gemessen wurde.

VERRÜCKTE NATUR

Fleischfressende Pflanzen

Weil sie sonst keine passende Nahrung finden, haben sich diese Pflanzen auf fleischliche Kost umgestellt.

DATEN MOOR FAKTEN

☛ Die Böden in Feuchtgebieten können so nahrungsarm sein, dass Pflanzen Tiere fressen, um an Nährstoffe zu kommen.

☛ Sonnentau-Pflanzen fangen Insekten mit klebrigen Tentakeln auf ihren Blättern.

☛ Das Fettkraut verdankt seinen Namen den öligen Tröpfchen, die aus den Blättern quellen. Fliegen bleiben an den Blättern kleben und werden langsam verdaut.

Die Venusfliegenfalle kann ihre Blätter sehr schnell zusammenklappen, um ihr Opfer darin zu fangen.

Kannenpflanzen

☛ Die vasenförmigen Blätter der Kannenpflanze sondern einen süßen Nektar ab, um Insekten anzulocken. Die Insekten rutschen an der glatten Innenwand ab und ertrinken im Verdauungssekret am Boden der Kanne. Das Mahl ist angerichtet.

☛ Jedes Blatt einer Kannenpflanze kann pro Tag mehr als ein Dutzend Insekten oder sogar zwei Eidechsen fangen.

Raffinierte Fallen

✏️ Die 1 m hohe Kobralilie gleicht einer Kobra. Vorstehende „Giftzähne" verdecken das „Maul". Wenn ein durch Nektar angelocktes Insekt hineinfällt, ertrinkt es und wird verdaut.

✏️ Wasserschlauchpflanzen haben Fangblasen auf Blättern und Stängeln. Berührt ein Wassertier die feinen Borsten, klappt die Saugfalle auf und saugt die Beute an.

✏️ Wenn ein Insekt vom Nektar der Gelben Schlauchpflanze nascht, wird es sofort betäubt, fällt in den Blattschlauch und wird verdaut.

Ekelhafter Gestank

Die Titanenwurz lebt nicht von Fleisch, aber riecht wie faulendes Fleisch. Fliegen werden dadurch angezogen und sorgen für die Verbreitung der Pollen.

Affenbecher

Die größte fleischfressende Pflanze ist die *Nepenthes rajah*, die in den Regenwäldern Südostasiens an Kletterpflanzen baumelt. Ihre Kanne ist so groß, dass eine Ratte darin ertrinken kann. Manchmal nennt man sie auch „Affenbecher", weil man Affen beobachtet hat, die das Wasser daraus tranken.

VERRÜCKTE NATUR

Komische Pilze

Pilze wachsen oft wie Pflanzen in der Erde, sind aber eine ganz andere Art von Organismen.

DATEN GIFT FAKTEN

☞ Giftpilze sind Großpilze mit Hut und Stiel. In Europa gibt es rund 150 verschiedene giftige Pilze.

☞ Der Fliegenpilz (unten) wurde früher als Fliegenfänger verwendet.

☞ Einer der giftigsten Pilze überhaupt ist der Grüne Knollenblätterpilz, dessen Verzehr meist tödlich ist.

Abfallentsorgung

✎ Pilze ernähren sich von anderen Organismen oder deren Ausscheidungsprodukten.

✎ Der Hutwerfer (*Pilobolus*) lebt auf Kuhfladen, die er zersetzt und sich so seine Nährstoffe verschafft.

Fußpilz wird durch Hautpilze hervorgerufen, die sich in den Zwischenräumen der Zehen festsetzen. Candida- oder Pityrosporum-Pilze können im und auf dem Körper wachsen und zu Hautinfektionen führen.

160

Schimmel

Schimmel wird durch mikroskopisch kleine Pilze verursacht. Bestimmte Käsesorten bekommen durch Schimmel ihr typisches Aussehen und den intensiven Geschmack. Aus einigen Schimmelpilzen werden Antibiotika hergestellt.

Zauberhafte Pilze

☛ Oft sieht man von einem Pilz nur den Fruchtkörper, in dem er die Sporen produziert.

☛ Für eine Pilzmahlzeit verwendet man nur den Fruchtkörper. Das fadenförmige Myzel, aus dem er wächst, lebt im Untergrund.

☛ Der Hut eines Wiesenchampignons kann bis zu 50 cm Durchmesser erreichen.

Boviste

☛ Boviste heißen auch Stäublinge, weil sie beim Aufplatzen des Fruchtkörpers eine Staubwolke mit Sporen freisetzen.

☛ Ein Riesenbovist kann rund 7 Billionen Sporen ausstoßen.

Hexenringe

✎ Früher sagte man, sogenannte Hexenringe aus intensiv grünem Gras würden sich dort bilden, wo Hexen getanzt haben. Tatsächlich wird das Gras durch Nährstoffe aus den unterirdischen Wurzeln (= Myzel) von Pilzen so grün gefärbt, die in einer Kreisanordnung wachsen.

✎ Einige Hexenringe sind mehrere Hundert Jahre alt.

VERRÜCKTE NATUR

Pflanzensamen

Viele Pflanzen vermehren sich durch Samen. Manchmal brauchen sie Hilfe, um diese möglichst weit zu verbreiten.

Verführerische Orchideen

☛ Viele Pflanzen locken Insekten mit Belohnungen wie Nektar an, damit diese ihre Blüten besuchen und die Pollen weitertragen. Orchideen kennen noch raffiniertere Tricks.

☛ Die Flugentenorchidee verdankt ihren Namen der Entenschnabelform ihrer Blüten. Der „Schnabel" lockt mit seinem Duft Insekten an, dann klappt er zu, bis das Insekt mit Pollen bedeckt ist und wieder freikommt.

☛ Wespen attackieren den „Bart" der Bartorchidee (rechts), weil sie ihn für ein Wespenweibchen halten.

➥ Die Samen der Platane haben Flügel, die sich beim Fallen wie ein Hubschrauberrotor drehen.

➥ Vom Wind können solche Samen weit fortgetragen werden und an einer Stelle landen, die sich für das Heranwachsen einer neuen Platane eignet.

DATEN SAMEN FAKTEN

☛ Früchte unterstützen die Ausbreitung der Samen. Tiere fressen die Frucht und scheiden die Samen aus.

☛ Fledermäuse entleeren sich im Flug. Sie verteilen die Samen so noch großflächiger. Fledermäuse unterstützen die Ausbreitung von Wäldern.

☛ In Amazonien überschwemmen die Flüsse oft den Urwald. Die Bäume lassen ihre Früchte ins Wasser fallen, wo sie von Fischen gefressen werden, die die Samen später ausscheiden.

☛ Der Amazonasfisch Tambaqui kann mit seinen kräftigen Kiefern sogar Nüsse knacken, die in den Fluss gefallen sind.

Riesensamen

Die größten Samen produziert die Coco de Meer oder Seychellenpalme. Ein Samen wiegt bis zu 20 kg.

Uhrenblumen

Einige Blumen stimmen das Öffnen und Schließen ihrer Blüten auf die Aktivität der Insekten ab, die ihre Pollen verbreiten. Hier die „Öffnungszeiten":

- ❀ Zimtrose (*Rosa majalis*) 4:00 bis 5:00 und 19:00 bis 20:00 Uhr
- ❀ Wegwarte (*Cichorium intubis*) 4:00 bis 5:00 und 14:00 bis 15:00 Uhr
- ❀ Löwenzahn (*Taraxacum officionale*) 5:00 bis 6:00 und 14:00 bis 15:00 Uhr
- ❀ Kartoffel (*Solanum tuberosum*) 6:00 bis 7:00 und 14:00 bis 15:00 Uhr
- ❀ Flachs (*Linum usitatissimun*) 6:00 bis 7:00 und 16:00 bis 17:00 Uhr

Tannen- und Eichelhäher verstecken Samen als Vorrat. Nicht immer graben sie alle Samen wieder aus, und so können neue Pflanzen daraus wachsen. Ein Tannenhäher kann viele Tausend Samen pro Jahr „pflanzen".

Samenschleudern

🍃 Spritzgurken verlassen sich nicht auf Tiere bei der Verteilung ihrer Samen. Sie zerplatzen und verspritzen ihre Samen mit bis zu 100 km/h.

🍃 Einige Früchte, etwa von Storchschnabel und Springwolfsmilch, explodieren und verstreuen die Samen.

🍃 Früchte und Samen können Flügel haben, damit sie weiter verbreitet werden. Die Samen der Pusteblume sehen wie kleine Fallschirme aus.

🍃 Kokosnüsse können, im Wasser treibend, über Tausende von Kilometern an Land gespült werden.

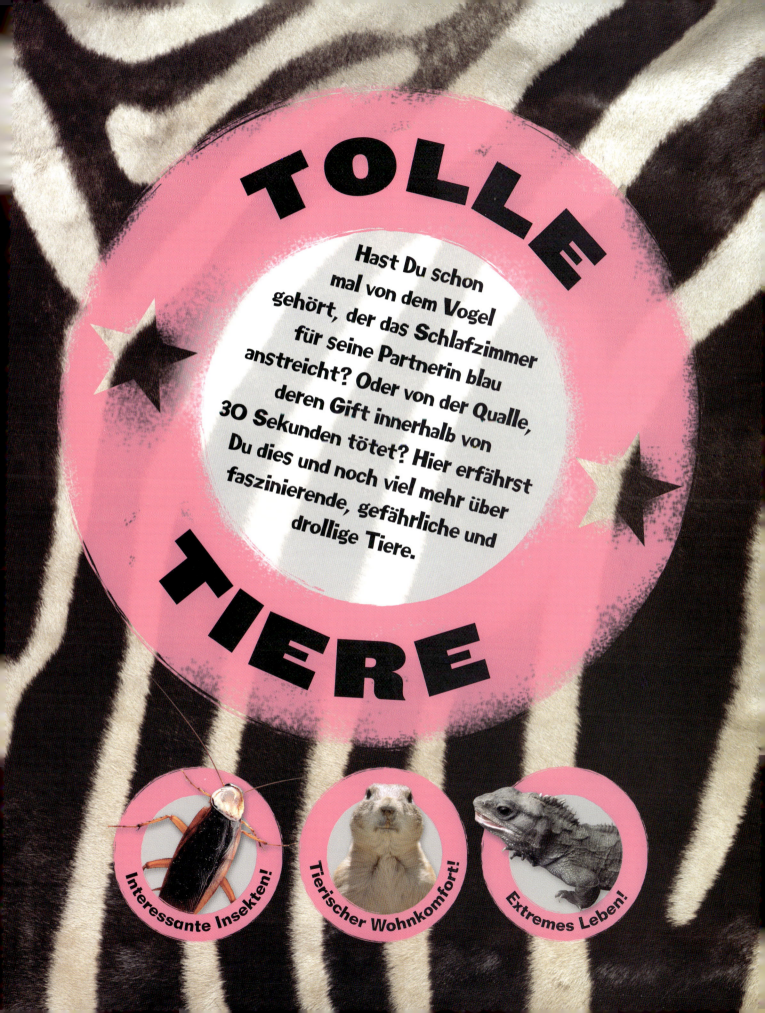

TOLLE TIERE

Bunte Vogelwelt

Alle Vögel haben Federn und Flügel, aber einige tun sich schwer zu fliegen, andere versuchen es erst gar nicht.

➜ Der größte flugfähige Vogel ist der Wanderalbatros, der über den Ozeanen der Antarktis kreuzt. Seine Flügelspannweite beträgt mehr als 3 m.

➜ Der flugunfähige Elefantenvogel aus Madagaskar war mit bis zu 3,5 m so groß wie ein Elefant. Leider ist er inzwischen ausgestorben.

Tropische Vögel

☛ Der Tukan (rechts) besitzt im Verhältnis zu seinem Körper den größten Schnabel aller Vögel. Der Schnabel hat Löcher, damit er leicht ist. Zum Schlafen dreht der Vogel den Kopf nach hinten und stützt den Schnabel auf dem Rücken ab.

☛ Durch viele Dutzend Flügelschläge pro Sekunde können Kolibris in der Luft schweben und rückwärtsfliegen.

☛ Ein Kondor hat eine empfindliche Nase und erschnüffelt beim Überfliegen Aas am Boden.

Vogelgenies

✎ Die Wissenschaftlerin Irene Pepperberg brachte dem Graupapagei Alex die englischen Namen von 50 Gegenständen bei, nach denen er gezielt fragen konnte.

✎ Es gibt keinen besseren Stimmenimitator als den Leierschwanz. Er kann den Gesang von zwölf Vogelarten täuschend echt nachahmen. Auch Motorgeräusche von Kettensägen, Kameraklicken und Hundegebell imitiert er.

✎ Das Auge eines Straußes ist größer als sein Gehirn.

Eier

➤➤ Die Schale eines Straußeneis ist sechsmal dicker als die eines Hühnereis.

➤➤ Ein Erwachsener könnte sich auf die Spitze eines Straußeneis stellen, ohne dass es zerbricht. Aber Vorsicht: Es kippt um!

➤➤ Die dicksten Eier legte der Elefantenvogel. Sie wogen jeweils viel mehr als 200 Hühnereier.

➤➤ Die Eier der Bienenelfe, des kleinsten Vogels der Welt, sind nur so groß wie Dein Fingernagel.

➤➤ Kuckucke legen ihre Eier in die Nester anderer Vögel, die dann die Küken aufziehen.

Launenhafte Steißhühner

✎ Die in Südamerika lebenden Steißhühner gelten als leicht „verrückte" Vertreter der Vogelwelt. Sie sind extrem scheu. Sie fliegen selten, aber wenn, dann äußerst schnell, um nicht gesehen zu werden.

✎ Unglücklicherweise stellen sie sich beim Fliegen so ungeschickt an, dass sie oft mit Bäumen zusammenstoßen und zu Tode kommen.

✎ Steißhühner ermüden sehr schnell und laufen meist lieber, als dass sie fliegen. Das Problem dabei: Manchmal „laufen" sie auch über Wasser und stellen plötzlich irritiert fest, dass sie gerade schwimmen. Aber auch beim Rennen an Land geraten sie häufig ins Stolpern.

Rasender Rennkuckuck

☞ Renn- oder Erdkuckucke sind Vögel, die in den Wüsten im Südwesten der USA leben. Sie sind keine besonders guten Flieger, können dafür aber so schnell rennen wie ein olympischer Sprinter.

☞ Oft sieht man einen Erdkuckuck am Straßenrand entlangrasen. Er ist so schnell, dass er kleine Klapperschlangen fangen kann, die er dann ganz verschlingt.

TOLLE TIERE

Kaltblütige Bestien

Diese Tiere haben kaltes Blut, sind bizarr und unheimlich.

Kantige Krokodile

👉 Panzerechsen – Krokodile, Kaimane und Alligatoren – lebten bereits vor 200 Millionen Jahren zusammen mit den Dinosauriern. Sie zählen zu den Reptilien.

👉 Seit dem Aussterben der Dinos ist das Leistenkrokodil das größte Reptil auf der Erde. Es kann über 6 m lang werden.

👉 Krokodile verschlucken oft Steine, damit sie im Wasser besser ausbalanciert sind.

Man sagt oft, Krokodile würden nach dem Verspeisen ihrer Opfer weinen. Tatsächlich weinen nur Salzwasserkrokodile, weil sie so Salz ausscheiden – nicht aus Bedauern.

DATEN FROSCH FAKTEN

👉 Ein Frosch kann aus dem Stand rund 3 m weit hüpfen. Das ist so, als würdest Du ohne Anlauf 16 m weit springen.

👉 Küss niemals einen Pfeilgiftfrosch: Das Gift seiner Haut könnte Dich töten!

👉 Der größte Frosch der Welt ist der Goliathfrosch aus Westafrika mit bis zu 30 cm Länge. Die australische Agakröte (rechts) bringt es immerhin auf 22 cm.

Details über Eidechsen

☛ Die Zunge des Chamäleons ist der ideale Fliegenfänger. Um eine Fliege zu schnappen, entrollt das Chamäleon in Bruchteilen einer Sekunde seine Zunge, die länger ist als sein Körper.

☛ Der Helmbasilisk kann übers Wasser laufen, weshalb er auch „Jesus-Christus-Echse" genannt wird.

☛ Der Komodo-Waran aus Indonesien, die größte Echse der Welt, wiegt bis zu 135 kg und wird so groß, dass er ganze Schweine verschlingen kann.

➤➤ Reptilien waren vor über 350 Millionen Jahren die ersten großen Geschöpfe, die ausschließlich an Land lebten.

➤➤ Die Dinosaurier waren Reptilien. Der Brachiosaurus war über als 23 m lang und wog rund 40 t.

Zischelnde Schlangen

✎ Schlangen töten mehr Menschen als jedes andere Tier.

✎ Der afrikanische Python kann eine ausgewachsene Antilope mitsamt der Hörner verschlingen.

✎ Riesenschlangen wie Python und Boa vergiften ihr Opfer nicht, sondern umschlingen es und drücken zu, bis die Beute erstickt.

✎ Die Blindschleiche ist nicht blind und auch keine Schlange, obwohl sie so aussieht, sondern eine Echse ohne Beine.

TOLLE TIERE

Erstaunliche Säuger

Die Menschen sind nicht die einzigen seltsamen Säugetiere der Erde.

Affentheater

☞ Brüllaffen (rechts) sind die lautesten Landtiere. Man kann sie 5 km weit hören.

☞ Primaten und Elefanten sind vermutlich die einzigen Tiere, die sich im Spiegel erkennen.

☞ Wenn ein Orang-Utan-Männchen rülpst, dann will es damit andere Männchen warnen, Abstand zu halten.

Großkatzen

☞ Geparden sind mit 110 km/h die schnellsten Sprinter der Welt. Allerdings können sie dieses Tempo nur 10 bis 20 Sekunden durchhalten.

☞ Ein Puma kann über 5 m hoch springen, das entspricht einem Satz hinauf zu einem Fenster im 2. Stock.

Die Lieblingsspeise der Eisbären sind Robben. Wenn ihnen eine Robbe durch die Lappen geht, bekommen sie einen Wutanfall und werfen mit Schnee um sich.

Die Vampirfledermaus aus Südamerika heißt so, weil sie sich vom Blut anderer Tiere ernährt. Ist das Fell des Beutetiers zu dicht, „rasiert" sie ihm zunächst die Haare ab.

➤➤ Der Koalabär ist das einzige Tier, das dem Menschen vergleichbare Fingerabdrücke hat.

➤➤ Das kleinste Säugetier der Welt ist die Schweinsnasenfledermaus mit nur 2 g Gewicht – weniger als eine 1-Cent-Münze.

Elefanten

👉 Es gibt kein größeres Landtier als den Afrikanischen Elefanten. Große Bullen können bis zu 7500 kg wiegen, so viel wie acht Pkw.

👉 Elefanten haben ein größeres Gehirn als Menschen und jedes andere Tier, ausgenommen Wale.

👉 Elefanten trauern, wenn einer aus Ihrer Herde stirbt.

👉 Elefanten können auch tiefe Flüsse durchqueren, indem sie ihren Rüssel aufrichten und als Schnorchel benutzen.

👉 Elefanten können nicht springen.

Mehr Säugetiere

✎ Der Blauwal ist das größte Säugetier der Welt. Sein Herz wiegt rund 700 kg.

✎ Die winzige Spitzmaus hält einiges aus. Selbst wenn ein Mensch auf sie tritt, bleibt ihr Rückgrad unverletzt.

✎ Ein Löwe kann ein 300 kg schweres Zebra hinter sich her ziehen; dafür bräuchte man sechs Männer.

✎ Kaninchen vermehren sich rasant. Ein Weibchen kann 20 Junge pro Monat werfen, die selbst wiederum nach sechs Monaten Nachwuchs bekommen. Ein Kaninchen könnte in drei Jahren mehr als 33 Millionen Nachkommen haben.

TOLLE TIERE

Interessante Insekten

Hier ein Blick auf die emsigen Krabbeltiere um uns herum

Zähe Kakerlaken

☛ Kakerlaken sind resistent gegen Strahlung und könnten vielleicht einen Atomkrieg überstehen.

☛ Eine Schabe kann ohne Kopf bis zu einem Monat weiterleben: Dann verdurstet sie.

☛ Die alten Griechen verarbeiteten Schaben zu einer medizinischen Heilpaste, mit der sie Ohrenschmerzen und Wunden behandelten.

Termiten

✎ Es wird behauptet, Termiten fräßen Holz doppelt so schnell, wenn sie Heavy-Metal-Musik hören würden.

✎ Eine einzige Kolonie afrikanischer Termiten kann ein ganzes Haus in nur drei Monaten zerfressen.

✎ Termiten bauen riesige Hügel als Behausung, die sogar eigene Klimaanlagen haben. Der größte, je entdeckte Termitenbau hatte die Form einer Säule mit 3 m Durchmesser und fast 14 m Höhe.

✎ Termitenstaaten sind hierarchisch organisiert. Es gibt einen König und eine Königin, die nur für die Fortpflanzung da sind. Die anderen Termiten sind Arbeiter oder Soldaten.

✎ Eine Termitenkönigin lebt bis zu 50 Jahre und legt 2000 Eier am Tag.

➤➤ Eine Wanderameise kann das 25-Fache ihres Gewichts tragen. Schwere Brocken schaffen mehrere Tier zusammen in den Bau.

➤➤ Bestimmte Ameisenarten überfallen andere Ameisen, um deren Junge als Sklaven mitzunehmen.

Honig, den Bienen zur Aufzucht ihres Nachwuchses produzieren, ist ein natürliches Nahrungsmittel, das nicht verdirbt. Wissenschaftler haben Honig probiert, den man in Gräbern ägyptischer Pharaonen fand – er war noch genießbar.

Monarchfalter fliegen rund 4000 km von Nordamerika zu genau der Stelle in Mexiko, wo ihre Großeltern geboren wurden, obwohl sie nie zuvor dort waren.

DATEN KÄFER FAKTEN

👉 Pillendreher (rechts) sorgen für die Müllbeseitigung. Sie räumen Dung schnell beiseite, um dann ihre Eier darin abzulegen. Nach dem Schlüpfen ernähren sich die Larven von dem Dung.

👉 In einem frischen Elefantenhaufen finden sich bis zu 7000 Käfer.

👉 Manche Blätter fressende Käfer benutzen einen Ölfilm an ihren Beinen, um sich an den Blättern festzuhalten. So werden sie nicht vom Wind abgeschüttelt.

👉 Es gibt rund 250 000 verschiedene Käferarten. Darunter sind einige der kleinsten und größten Insekten. Alle Käfer haben ein Paar verhärteter Deckflügel, die die Hautflügel darunter schützen.

👉 Der Goliathkäfer aus Afrika ist das schwerste Fluginsekt. Er wiegt so viel wie eine Orange und wird bis zu 13 cm lang.

173

TOLLE TIERE

Leben im Meer

In den Tiefen des Ozeans leben allerlei Fische und andere seltsame Kreaturen.

Haie

✏️ Walhaie sind die größten Meeresfische. Einige von ihnen werden bis zu 13 m lang und wiegen mehr als 20 t. Sie sind völlig harmlos und ernähren sich überwiegend von Plankton.

✏️ Der Weiße Hai (links) ist der größte fleischfressende Fisch. Man hat Exemplare mit fast 7 m Länge gefangen; vermutlich können sie bis zu 9 m erreichen.

✏️ Ein großer Weißer Hai kann mit tonnenschwerem Druck zubeißen – so fest, dass er mühelos eine Stahlplatte durchbeißen könnte.

✏️ Der Geruchssinn von Haien ist besser entwickelt als der anderer Fische. Sie erkennen einen Teil Tierblut in 100 Millionen Teilen Wasser.

Weichtiere

👉 Der Blauringkrake ist so groß wie ein Golfball, doch sein Gift kann einen Menschen innerhalb von Minuten töten.

👉 Früher dachte man, Riesenkraken wären ein Mythos, bis 2006 erstmals ein lebendes Tier gefilmt wurde.

👉 Der Kolosskalmar ist sogar noch größer. Im Februar 2007 fing man ein mehr als 10 m langes Exemplar.

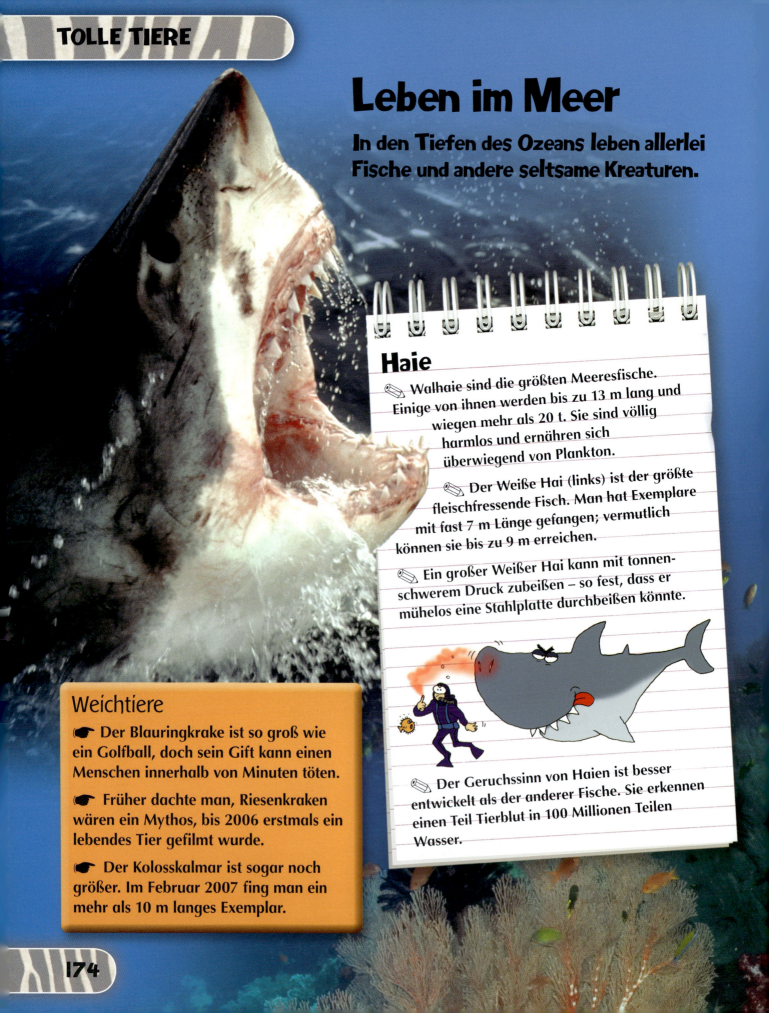

Riesenmuscheln machen ihrem Namen alle Ehre. Am Great-Barrier-Reef vor Australien fand man eine Muschel mit mehr als 1 m Durchmesser und über 250 kg Gewicht.

Meeressäugetiere

☛ Es gibt auf der Erde kein größeres Tier als einen weiblichen Blauwal. Mit mehr als 30 m Länge und einem Gewicht von rund 160 t ist das Tier 25-mal schwerer als der größte Elefant.

☛ Bei ihrer Geburt sind Blauwale bereits 8 m lang.

☛ Ein Blauwal lebt von winzigen, nur wenige Zentimeter langen Krebstierchen, dem Krill. Davon frisst er bis zu 4 t am Tag.

☛ Delfine sind dafür bekannt, dass sie Ertrinkende an die Oberfläche heben. Vielleicht verfügen Delfine über einen Instinkt, verletzte Artgenossen an die Oberfläche zu tragen.

➥ Korallen sind Tiere. Ein Korallenriff ist ihre am Meeresboden verankerte Kolonie. Darauf siedelnde Algen verleihen dem Riff die lebendigen Farben.

➥ Viele Korallenarten ernähren sich von Phytoplankton, mikroskopisch kleinen Meeresorganismen.

TOLLE TIERE
Tierisch gemütlich

Tiere können die seltsamsten Orte zu ihrem Zuhause machen.

DATEN NEST FAKTEN

☛ Der Baumsegler hat eines der kleinsten Nester der Tierwelt. Der Vogel formt aus Rindenstückchen und Speichel ein schüsselförmiges Nest, das er dann an einem hohen Ast befestigt.

☛ Australische Hooded- und Goldschultersittiche graben sich Nesthöhlen in Termitenhügeln.

☛ Viele Vögel sind nachtaktiv, doch der südamerikanische Fettschwalm ist ein Extremfall. Tagsüber lebt er in Höhlen, nachts sucht er mit seinem ausgeprägten Geruchssinn nach Früchten.

Eingeweidefische quartieren sich als Jungfische in Seegurken ein. Dort leben sie in der Wasserlunge und ernähren sich von den Organen der Seegurke.

Großstädte in der Prärie

☛ Präriehunde leben in weitverzweigten Bausystemen, den sogenannten Städten, mit bis zu 400 Millionen Einwohnern.

☛ Jeder Bau verfügt über Schlaf- und Vorratszimmer und einen Raum für Wächter. Präriehunde leben in Familien mit einem Männchen, mehreren Weibchen und Jungen.

Wohn- und Lebensformen

☞ Die Brückenechse (Tuatara) lebt oft mit Sturmvögeln in deren Höhlen zusammen. Es gibt klare Regeln: Der Tuatara schläft am Tag und geht nachts auf Futtersuche. Der Sturmvogel jagt bei Tag auf See und schläft nachts in der Höhle. Doch die Harmonie trügt, denn manchmal frisst der Tuatara die Eier des Sturmvogels.

☞ Viele Tausend Meter tief unten am Meeresboden gibt es ausgedehnte Kolonien von Muscheln und Schlauchwürmern, die sich vom schwefelhaltigen Wasser heißer Vulkanquellen (Raucher) ernähren. Schlauchwürmer können dort bis zu 2 m lang werden.

➤➤ Blattschneiderbienen leben alleine, während die meisten Bienen- und Wespenarten in großen Staaten zusammenleben.

➤➤ Wespen bauen große Nester wie dieses aus einer Art Pappmaché, das sie durch Zerkauen von Altholz produzieren.

Nest zu vermieten

Webervögel leben in großen Gemeinschaften in riesigen, in Baumkronen hängenden Nestern zusammen. Jedes Vogelpaar hat seine eigene Kammer. Manchmal nisten sich auch andere Vögel wie Zwergfalken oder Grün- und Erdbeerköpfchen-Papageien dort ein. Die Webervögel scheint das nicht zu stören – sie verlangen noch nicht einmal Miete.

Kein Säugetier – der Mensch ausgenommen – schafft ausgefallenere Bauten als der Biber. Die Biberburgen werden durch einen Damm geschützt, der 300 m breit und viele Jahrzehnte alt sein kann. Der Kessel innerhalb der Burg ist rund 60 cm hoch und 2 m breit und lang.

TOLLE TIERE

Extremes Leben

Tiere verstehen es, selbst mit härtesten Bedingungen fertig zu werden.

Während der eisigen Winter in Japan halten sich Makaken durch ein Bad in heißen Vulkanquellen warm. Das haben sie den Menschen abgeschaut, ebenso das Formen und Werfen von Schneebällen.

Der in den Wüsten im Südwesten der USA lebende Antilopenhase verschafft sich durch riesige Ohren Kühlung. Durch sie zirkuliert sein Blut und strahlt Wärme ab.

Dürre überleben

☛ Die Mendesantilope (Addax) trinkt nie. Ihr reicht das Wasser, das sie mit dem Futter aufnimmt.

☛ Der amerikanische Mojave-Ziesel übersteht Dürre, indem er viele Tage ununterbrochen schläft.

☛ Kängururatten sparen Wasser, weil sie ihre Exkremente fressen.

☛ Kamele können zwei Wochen ohne Wasser überstehen. Finden sie dann eine Quelle, können sie innerhalb von 10 Minuten 100 l saufen.

Eingeschneit

☛ Schneeschuhhasen haben große Hinterläufe, die wie Schneeschuhe ein Einsinken verhindern. Ihre Spuren (rechts) ähneln denen von Schneeschuhen.

☛ Rentiere müssen pro Tag rund 12 kg Flechten fressen, allerdings haben sie ein Gespür, diese auch unter Schnee zu finden.

☛ Eisbären haben einen derart dicken Pelz, dass sie sich manchmal zur Abkühlung im Schnee wälzen.

Unerschrockene Insekten

✎ Die Larven der Zuckmücke können völlig austrocknen, so bis zu 17 Jahre überstehen und sich dann unbeschadet weiterentwickeln, sobald sich die Bedingungen verbessern. Kein Wunder, dass diese Mücken überall auf der Erde leben können.

✎ Springschwänze überleben sogar Temperaturen von −38 °C in der Antarktis, weil ihr Körper eine Art Frostschutzflüssigkeit enthält. Ab −10 °C sind sie aber bewegungsunfähig.

✎ Einige arktische Käferarten trotzen selbst Extremtemperaturen von −60 °C. Auch Alaskafliegen überstehen solche Temperaturen unbeschadet, allerdings tiefgefroren.

Heiße und kalte Echsen

✎ Die meisten Reptilien brauchen die wärmende Sonne, um die nötige Energie zu tanken. Der Tuatara (rechts) aus Neuseeland meistert die Kälte, indem er alles sehr, sehr langsam macht. Bis zu einer Stunde kommt er ohne einen Atemzug aus. Er braucht 20 Jahre, um etwa 60 cm groß zu werden.

✎ Um sich nicht die Füße zu verbrennen, „tänzelt" der Fransenzehenleguan über den glühenden Sand der Wüste Namib in Afrika. Manchmal legt er sich zur Erholung kurz auf den Bauch und hebt die Füße vom Boden ab.

✎ Der Grüne Leguan verbringt den Morgen beim Sonnenbad auf den Felsklippen der Galapagosinseln. Dann taucht er im kalten Meerwasser nach Beute. Am Spätnachmittag ist er stark abgekühlt und gönnt sich ein weiteres Sonnenbad.

179

TOLLE TIERE

Geborene Killer

Vorsicht! Dies sind einige der tödlichsten, furchterregendsten und gefährlichsten Geschöpfe der Erde.

Furchterregende Fische

☛ Haie sind schaurig, doch töten sie nur etwa 10 Menschen pro Jahr. Bienen, Wespen, Schlangen und Hunde fordern viel mehr Opfer.

☛ Der Zitterrochen lähmt seine Beute mit einem Stromschlag, so stark wie der aus einer Steckdose.

☛ Der Steinfisch ist der giftigste Fisch der Welt. Die 13 Rückenflossenstacheln haben Giftdrüsen, aus denen ein extrem schmerzhaftes Gift abgesondert wird. Man kann leicht auf einen am Meeresboden liegenden Steinfisch treten.

☛ Das Gift der Würfelqualle kann innerhalb von 30 Sekunden töten.

☛ Die Muräne (links) lauert auf vorbeischwimmende Fische. Mit ihren Kiefern kann sie die Beute aufreißen und auch Menschen mit nur einem Biss erheblich verletzen.

Hysterische Hyänen

Hyänen jagen in Rudeln von bis zu 90 Tieren und erlegen selbst große Tiere, z. B. ein Gnu. Innerhalb von 15 Minuten ist ein Gnu mitsamt der Knochen aufgefressen. Aufgeregte Hyänen machen gackernde Geräusche.

Schaurige Schlangen

🔖 Diese Schlange lebt in Bäumen, wo sie Eier aus Nestern stiehlt. Durch Dehnen ihrer Kiefer kann sie Eier verschlingen, die deutlich dicker sind als sie selbst. 30 „Zähne" in der Speiseröhre zerbrechen das Ei beim Hinunterwürgen.

🔖 Die größte Giftschlange ist mit mehr als 5 m Länge die Königskobra aus Südostasien.

🔖 Pro Jahr sterben 7000 Menschen in Indien durch den Biss einer Kobra.

🔖 Die Lanzenotter gebiert 60 bis 80 Junge, die von Geburt an tödlich giftig sind.

🔖 Man muss nicht unbedingt ein Killer sein, um Feinde zu verscheuchen: Es genügt, so auszusehen. Die harmlose rot-schwarze Milchschlange gleicht der tödlichen Korallenotter.

DATEN INSEKTEN FAKTEN

👉 Wird der Bombardierkäfer bedroht, schießt er aus seinem Hinterleib einen Strahl mit ätzenden Chemikalien auf seinen Gegner.

👉 Die Raupe des Schwalbenschwanzes besitzt im Nacken eine gabelförmige Stinkdrüse, die sie ausklappt, um Angreifer damit abzuschrecken.

👉 Große Grabwespen lähmen durch einen Stich Vogelspinnen, die dann als Futtervorrat für ihre Larven dienen.

👉 Die Stachel von Honigbienen haben Widerhaken. Nach dem Stich bleibt er stecken und reißt ab; die Biene stirbt daran. Beim Kampf mit anderen Bienen ist das nicht der Fall: Der Stachel kann immer wieder eingesetzt werden.

➡ Entgegen ihrem üblen Ruf sind die meisten Taranteln nicht giftig. Sie zermalmen ihre kleinen Opfer mit ihren kräftigen Kiefern.

➡ Vogelspinnen (rechts) sind viel größer und auch giftig. Die größten Exemplare erreichen die Größe eines Tellers.

TOLLE TIERE

Überlebensstrategien

Aus der täglichen Konfrontation mit Räubern heraus haben manche Tiere clevere Überlebenstechniken entwickelt.

Bestialische Stinker

☛ Das Stinktier (Skunk) hat sich auf die chemische Kriegsführung spezialisiert und verspritzt aus Drüsen am Hinterteil einen übel riechenden „Duftstoff". Der gezielte Strahl reicht bis zu 3 m weit, riechen kann man ihn über 500 m.

☛ Die Moschusschildkröte wird nicht größer als eine Untertasse, doch ihr Abwehrduft könnte einen Elefanten umwerfen.

☛ Wird sie bedroht, stellt sich die Hakennasennatter tot und sondert sogar einen entsprechenden Duft ab.

Überleben unter Wasser

✎ Bei einem Angriff schluckt der eigentlich recht kleine Stachelschweinfisch Unmengen Wasser und schwillt zu einem stacheligen Basketball an.

✎ Bei Gefahr verbirgt sich der Messerfisch zwischen den Stacheln eines Seeigels, von denen er schwer zu unterscheiden ist.

✎ Die Seegurke verschießt bei Gefahr ihre klebrigen Eingeweide, um Angreifer damit zu fesseln.

Keiner wird jemanden töten, der bereits tot ist. Also rollt sich das amerikanische Opossum bei Gefahr zur Seite und liegt starr mit geöffnetem Mund und glasigen Augen da.

Die australische Kragenechse kann ihr Aussehen dramatisch verändern: Sie pumpt ihren Nackenkragen auf, damit sie drei- bis viermal größer und furchterregend wirkt.

DATEN FAKTEN – VERLUSTE

☞ Schnappt sich ein Angreifer den Arm eines Schlangensterns, fällt der Arm einfach ab, sodass der Seestern flüchten kann. Notfalls können alle fünf Arme geopfert werden, denn sie wachsen wieder nach.

☞ Die Glasschleiche hat keine Beine und kann bei einem Angriff ihren Schwanz abwerfen. Der krümmt sich wie eine Schlange und lenkt den Angreifer ab, während die Echse entkommt.

☞ Auch die Waldmaus kann in Notsituationen ihren Schwanz abstoßen, allerdings wächst er nicht nach.

☞ Regenwürmer können nach einem Verlust ihre Körpersegmente weitgehend neu bilden. Von einem entzweigeschnittenen Regenwurm überlebt allerdings nur eine Hälfte.

➤➤ Chamäleons verändern ihre Farbe, wenn sie zornig, verängstigt oder krank sind, wenn es ihnen zu warm oder zu kalt ist.

➤➤ Ein Krake wird zunächst weiß, dann nimmt er verschiedene Farben an, um Angreifer zu erschrecken.

Meister der Tarnung

☞ In der flirrenden Steppenluft verwischen die Streifen eines Zebras seine Konturen, und es ist daher schwer zu erkennen. Die Flecken des Leoparden haben denselben Effekt, sodass er sich unbemerkt anpirschen kann.

☞ Viele Raupen passen sich dem Aussehen der Pflanzen an, auf denen sie leben. Einige sehen aus wie „Zweige", andere wie „Blätter", um nicht von Vögeln gefressen zu werden.

TOLLE TIERE

Wildes Werben

Wie wir Menschen lassen sich Tiere einiges einfallen, um einen Partner zu erobern.

Singende Wale

Männliche Buckelwale sind die Romantiker der Meere. Sie intonieren ausgefallene, 20 Minuten oder länger dauernde Gesänge. Wissenschaftler glauben, dass sie für Weibchen singen.

Der männliche Fregattvogel kann seinen Kehlsack zu einem großen, roten Ballon aufblasen, um Weibchen zu beeindrucken. Ist eine Dame hingerissen, legt sie ihren Kopf auf sein Liebeskissen.

DATEN BALZEN FAKTEN

☛ Wenn Mäuseriche in Liebesstimmung sind, dann singen sie. Ihr Fiepen ist so hochfrequent, dass Menschen es nicht hören, Mäuseweibchen aber entzückt sind.

☛ In der dunklen Tiefsee einen Partner zu finden kann schwierig sein. Wenn ein Tiefseeanglerfisch-Männchen seine Partnerin findet, hängt es sich für immer an sie an und lebt sogar von ihrem Blutkreislauf.

☛ Der australische Laubenvogel baut eine mit Muscheln und Knochen geschmückte Liebeslaube. Mit dem Saft von Beeren malt er das Ganze blau an und benutzt ein Rindenstück als Pinsel.

Mutterliebe

✏️ Ein Schlupfwespen-Weibchen versorgt seine Nachkommen mit Nahrung und einer Unterkunft: Mit seiner Legeröhre bohrt es ein Loch in Bäume und legt seine Eier direkt neben Holzwespenlarven ab. Nach dem Schlüpfen ernährt sich der Nachwuchs von den Larven.

✏️ Spitzmaus-Weibchen nehmen ihre Jungen mit auf die Futtersuche. Die Jungen folgen ihnen dabei in einer Reihe, dicht an dicht hintereinander.

Anspruchsvolle Weibchen

👉 Bei einigen Arten der Gottesanbeterin frisst das Weibchen den Partner, am Kopf beginnend, während des Liebesakts auf. So wird der Vater zu einem schmackhaften Happen und liefert die Nahrung für seine Nachkommen.

👉 Bärenspinner-Weibchen mögen gefährliche Männchen. Bei Paarungskämpfen gewinnt das giftigste Männchen. Die abgesonderten Duftstoffe enthalten Gifte, die sie als Raupe mit der Nahrung aufgenommen haben.

👉 Das Weibchen des Rotrückensalamanders prüft den Lebensstil eines Männchens, indem es an dessen Kot schnuffelt. Wenn es nur einfache Ameisen gefressen hat und keine hochwertigen Termiten, wird es zurückgewiesen.

Hingebungsvolle Väter

👉 Ein männlicher Nasenfrosch (rechts) schluckt die Eier des Weibchens und trägt sie so lange im Maul, bis die Jungen schlüpfen und aus seinem Maul springen.

👉 Auch das Männchen der Geburtshelferkröte kümmert sich um das Gelege. Es wickelt die Eier um seine Beine, damit sie nicht verloren gehen.

TOLLE TIERE

Super-Sinne

Tiere besitzen erstaunliche Sinne, einige fühlen sogar das Magnetfeld der Erde.

Adleraugen
- Ein Adler kann ein 3 km entfernt hoppelndes Kaninchen erspähen.
- Ein Fischadler sieht aus 30 m Höhe einen schwimmenden Lachs.

Berührungsempfindlich
- Fast alle Lebewesen reagieren auf Berührung, weshalb der Tastsinn als der ursprünglichste Sinn gilt.
- Die Barthaare von Mäusen sind so empfindlich, dass Mäuse damit in völliger Dunkelheit ihren Weg finden.
- Die Fühler einer Kakerlake können Bewegungen erfassen, die nur das 2000-Fache des Durchmessers eines Wasserstoffatoms ausmachen.
- Honigbienen führen im dunklen Bienenstock Tänze auf. Die anderen Bienen verfolgen jede Bewegung mit ihren Fühlern.

DATEN GEHÖR FAKTEN
- Grillen hören mit ihren Vorderbeinen. Der Schall bringt dünne Membranen an den Beinen zum Vibrieren, wie in unserem Ohr das Trommelfell.
- Eulenfalter können extrem hohe Töne mit einer Frequenz von 240 000 Hertz hören. Für das menschliche Ohr ist bei 24 000 Herz Schluss.
- Elefanten hören Töne unterhalb von 1 Hertz. Menschen können derart tiefe Töne nur als Vibration und nicht mehr als Geräusch wahrnehmen.

Super-Schnüffler

☞ Ein Nachtpfauenaugen-Männchen kann ein Weibchen über rund 11 km riechen, auch wenn ein Weibchen nur über 0,1 Mikrogramm Lockstoff (Pheromon) verfügt.

☞ Ein Eisbär riecht eine 20 km entfernte tote Robbe.

☞ Der Süßwasseraal findet über den Geruch den Weg zu seinen Laichgründen. Er erkennt Substanzen in einer Verdünnung von 1 Teil in 3 Mio. Teilen Wasser.

Echolot

◆ Fledermäuse finden ihren Weg dank Ultraschallortung. Sie stoßen hochfrequente Schreie aus, fangen den von Objekten zurückgeworfenen Schall auf und setzen daraus ein Schallbild ihrer Umgebung zusammen. Die Methode ist so sensibel, dass selbst 0,05 mm dünne Drähte erkannt werden.

◆ Dank ihrer Echoortung können Fledermäuse zwei Fliegen pro Sekunde fangen.

◆ Salanganen sind in Höhlen lebende Vögel, die wie Fledermäuse Echoortung verwenden. Ihr Klicken ist tief genug, um von Menschen gehört zu werden.

◆ Süßwasserdelfine orientieren sich im schlammigen Flusswasser ebenfalls durch Ultraschallortung.

Mit magnetischen Eisenoxidkristallen im Hinterleib erkennen Bienen selbst kleinste Veränderungen im Magnetfeld der Erde und benutzen dies zur Navigation.

Gürteltiere

Gürteltiere setzen ihren exzellenten Geruchssinn ein, um Termiten bis in eine Tiefe von 80 cm im Erdboden aufzuspüren.

TOLLE TIERE

Tierolympiade

Hier die Sieger in den härtesten Disziplinen der Olympiade der Tierwelt

Geschwindigkeitsrekorde

☛ Das schnellste Tier der Welt ist der Wanderfalke, der es im Sturzflug auf über 300 km/h bringt.

☛ Jeder kennt den Gepard als schnellstes Landtier, doch der amerikanische Gabelbock (Pronghorn) ist ihm mit bis zu 100 km/h dicht auf den Fersen. Der Gabelbock kann dieses Tempo viel länger durchhalten als der Gepard, der bereits nach wenigen Sekunden erschöpft ist.

☛ Der Segel- oder Fächerfisch ist der schnellste Meeresfisch mit einer Geschwindigkeit von fast 110 km/h.

Höhen und Tiefen

✏ Fische sind die tiefsten Taucher. Einige, wie der Tiefseeanglerfisch oder der Fangzahnfisch, schwimmen in über 5000 m Tiefe in völliger Dunkelheit umher.

✏ Der Kaiserpinguin kann rund 550 m tief tauchen, tiefer als jeder andere Vogel.

✏ Sperbergeier steigen bis in Höhen von 11 000 m auf. Einmal kollidierte ein Geier in 11 300 m Höhe mit einen Flugzeug.

✏ Die Streifengans bringt es auf Flughöhen von mehr als 9000 m. Das reicht gerade, damit der Zugvogel den Himalaja überfliegen kann, der sich bis auf 8850 m erhebt.

Der Pottwal (links) ist ein Rekordtaucher, der mindestens in Tiefen von 2500 m abtauchen und fast zwei Stunden die Luft anhalten kann. Der Große Tümmler ist mit einer Tauchtiefe von gut 300 m der Champion unter den Delfinen.

DATEN FAKTEN — EXTREME HÄRTE

👉 Männliche Königspinguine überstehen den antarktischen Winter mit Temperaturen von bis zu −40 °C.

👉 Das Ei zwischen den Füßen geschützt, kauern sie sich zusammen, um sich gegenseitig zu wärmen.

👉 Nach zwei Monaten werden sie von den Weibchen abgelöst. Allerdings bleibt noch ein Marsch von 150 km bis zur ersten Mahlzeit am Meer.

Langstreckenflüge

👉 Die Küstenseeschwalbe bringt es bei ihren Wanderungen auf fast 40 000 km pro Jahr.

👉 Der Goldregenpfeifer fliegt in 100 Stunden nonstop von Sibirien zu den Inseln im Südpazifik.

👉 Ein Albatros fliegt auf der Suche nach Futter für seine Küken schon mal 5000 km weit.

Gewichtheber

➤➤ Ameisen können das Siebenfache ihres Körpergewichts schleppen.

➤➤ Ein Elefant kann mit seinem Rüssel ein Auto hochheben.

➤➤ Der Nashornkäfer kann das 800-Fache seines Eigengewichts heben. Das ist, als würde ein Mensch einen Panzer stemmen!

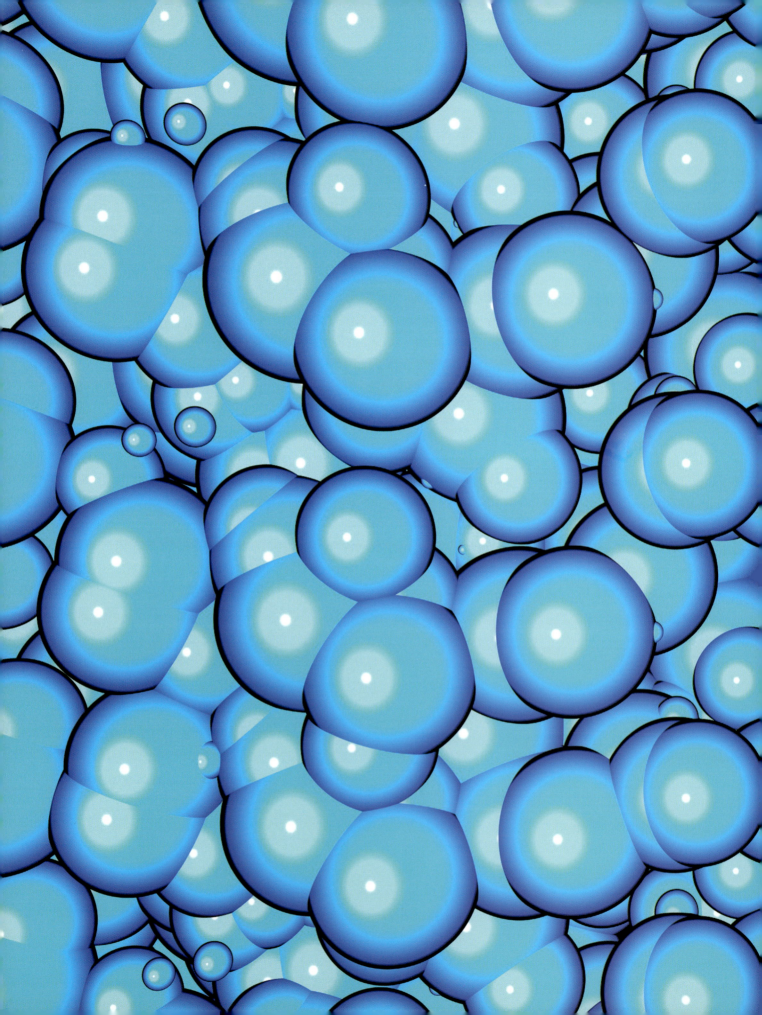

VERRÜCKTE FORSCHUNG

Den Wissenschaftlern sind einige erstaunliche Entdeckungen gelungen. Hast Du gewusst, dass Astronauten langsamer altern, wenn sie durch das All zischen? Oder, dass man Spinat mit Schokogeschmack züchten kann? Die Wissenschaftler sind ein skurriles Völkchen, wie dieses Kapitel zeigt.

- Leuchtendes Licht!
- Faszinierende Atome!
- Verdächtige Substanzen!

VERRÜCKTE FORSCHUNG

Spür die Kraft
Die Schwerkraft hält uns alle am Boden und auf der Erde.

Schwerkraft im All

☛ Die Anziehungskraft der Erde sorgt dafür, dass der Mond nicht ins All entschwindet.

☛ Astronauten auf einer Umlaufbahn scheinen schwerelos zu sein. Sie werden durch gleich große Kräfte – die Erdanziehung wird durch die Fliehkraft aufgehoben – auf der Umlaufbahn gehalten, und das verursacht die Schwerelosigkeit.

☛ Spinnen weben im All schiefe Netze, denn sie brauchen die Schwerkraft zur Orientierung.

Ohne Schwerkraft würdest Du nach einem Sprung auf dem Trampolin nie mehr zum Boden zurückkommen. Du würdest immer weiterfliegen, bis Du in einen Stern krachst.

Weil der Mond weniger Masse hat, wirkt dort eine geringere Schwerkraft als auf der Erde. Ohne die schweren Raumanzüge könnten Astronauten dort fast 4 m hoch springen.

Die beiden winzigen Marsmonde haben eine so geringe Schwerkraft, dass Du dort mit einem Fahrrad über eine Rampe ins All starten könntest.

Überall Gravitation

☛ Gravitation nennt man die Anziehungskraft, die zwischen aller Materie im Universum wirkt. Je mehr Materie ein Objekt hat, umso stärker zieht es andere Objekte an.

☛ Anziehungskräfte wirken zwischen allen Masseobjekten, egal ob sie groß oder klein sind.

DATENSTURZFAKTEN

☛ Wenn Du aus einem Flugzeug springst, fällst Du die ersten 15 Sekunden immer schneller. Dann ist die Grenzgeschwindigkeit erreicht, die beibehalten wird.

☛ Beim Fallen stößt Du mit Luftmolekülen zusammen, die Dich bremsen. Der Luftwiderstand verhindert ein Überschreiten der Grenzgeschwindigkeit.

☛ Eine Feder fällt langsam, weil sich in ihr viele Luftmoleküle verfangen. Bereits 1604 behauptete Galileo, dass Stein und Feder im luftleeren Raum gleich schnell fallen. 1971 bewies ein Astronaut die Aussage in der luftleeren Atmosphäre des Mondes.

Fallschirmspringer bremsen den Fall durch Abspreizen von Armen und Beinen, weil sich so der Luftwiderstand vergrößert. Dann öffnen sie den Fallschirm, um noch mehr Luft einzufangen und langsam zu Boden zu gleiten.

VERRÜCKTE FORSCHUNG

Energie zum Leben

Energie existiert in verschiedenen Formen. Wir halten unseren Organismus mit Nahrungsmitteln am Leben.

Deine Muskeln setzen einen Teil der Energie aus der Nahrung in Wärme um. Beim Rennen gibt Dein Körper die Hitze von zehn Glühbirnen ab.

DATEN ÖL FAKTEN

☛ Öl, Erdgas und Kohle verdanken ihre Energie dem Sonnenlicht, das von Pflanzen und Meeresorganismen aufgenommen wurde, aus denen die fossilen Brennstoffe entstanden.

☛ In Millionen Jahren wurden diese Organismen mit Erde bedeckt und in Treibstoff verwandelt. Die Energie wurde in Form von Kohlenstoff konzentriert.

☛ In den bekannten Ölvorkommen der Erde lagern noch 100 000 Millionen Millionen Millionen Joule Energie – eine 1 mit 23 Nullen.

In einem Barrel Erdöl (159 l) steckt genug Energie, um rund 19 000 l Wasser zum Kochen zu bringen – eine anständige Portion Kaffee!

Energie im Universum

Die gesamte Energie des Universums entspricht 4000 Millionen Millionen Millionen Millionen Millionen Millionen Millionen Millionen Millionen Millionen Millionen Joule, eine 4 mit 69 Nullen.

Mist dampft, weil Millionen Mikroben die in der Biomasse enthaltene Energie in Wärme verwandeln und so die Feuchtigkeit zum Verdampfen bringen.

Wie viel Energie?

☛ Energie wird in Joule gemessen. Ein Joule ist die Energie, die man braucht, um eine Orange 1 m hoch zu heben.

☛ Energie wird nie neu geschaffen oder vernichtet, sie verändert nur ihre Form.

☛ Die in Form von Wärme vorhandene Energiemenge im Universum wächst. Nicht nur die Erde erwärmt sich, sondern das gesamte Universum.

Ein Ei enthält rund 350 000 Joule Energie. Meistens spricht man aber von der Größenordnung Kilojoule (kJ) oder tausend Joule. Ein Ei birgt demnach eine Energie von rund 350 kJ in sich.

Kraftnahrung

➤➤ Unsere Energie beziehen wir aus der Nahrung, speziell aus zucker- und stärkehaltigen Lebensmitteln wie Nudeln, die viele energiereiche Kohlenhydrate enthalten.

➤➤ Dein Körper verbraucht immer Energie, selbst beim ruhigen Sitzen. Eine Stunde Fernsehen erfordert so viel Energie, wie in einem Ei enthalten ist.

➤➤ Sieben Stunden harte körperliche Arbeit verbrauchen dagegen die Energie von 32 Eiern.

VERRÜCKTE FORSCHUNG

Licht

Ohne Licht wäre unser Universum ein düsterer Ort.

DATEN FAKTEN – LICHTGESCHWINDIGKEIT

👉 Licht ist die schnellste Sache im Universum. Es bewegt sich mit 299 792 458 m in der Sekunde.

👉 Ein Lichtstrahl erreicht von der Erde aus in 3 Minuten den Mars, von der Sonne zu uns braucht er 8,5 Minuten. Bis zum nächsten Stern, Proxima Centauri, ist er 4 Jahre unterwegs.

In Wasser ist die Lichtgeschwindigkeit niedriger als in Luft. Deshalb wird das Licht beim Übergang von Luft in Wasser gebrochen, und Trinkhalme haben scheinbar einen Knick.

Photonen oder Lichtquanten aus den entferntesten Galaxien sind sehr alt. Sie flitzen schon seit über 12 Milliarden Jahren umher.

Lichtwellen

👉 Licht bewegt sich in Form kleinster Energiewellen. Man sieht Licht nur, wenn es auf ein Objekt fällt. Der leere Weltraum ist deshalb dunkel.

👉 Lichtwellen sind so klein, dass 14 000 davon quer auf Deinen Fingernagel passen.

👉 Lichtwellen bestehen aus unzähligen winzigen Partikeln, den Photonen, die 600 Billionen Mal pro Sekunde zucken.

👉 Bei Sonnenschein wird ein Stecknadelkopf von 1000 Milliarden Photonen pro Sekunde getroffen.

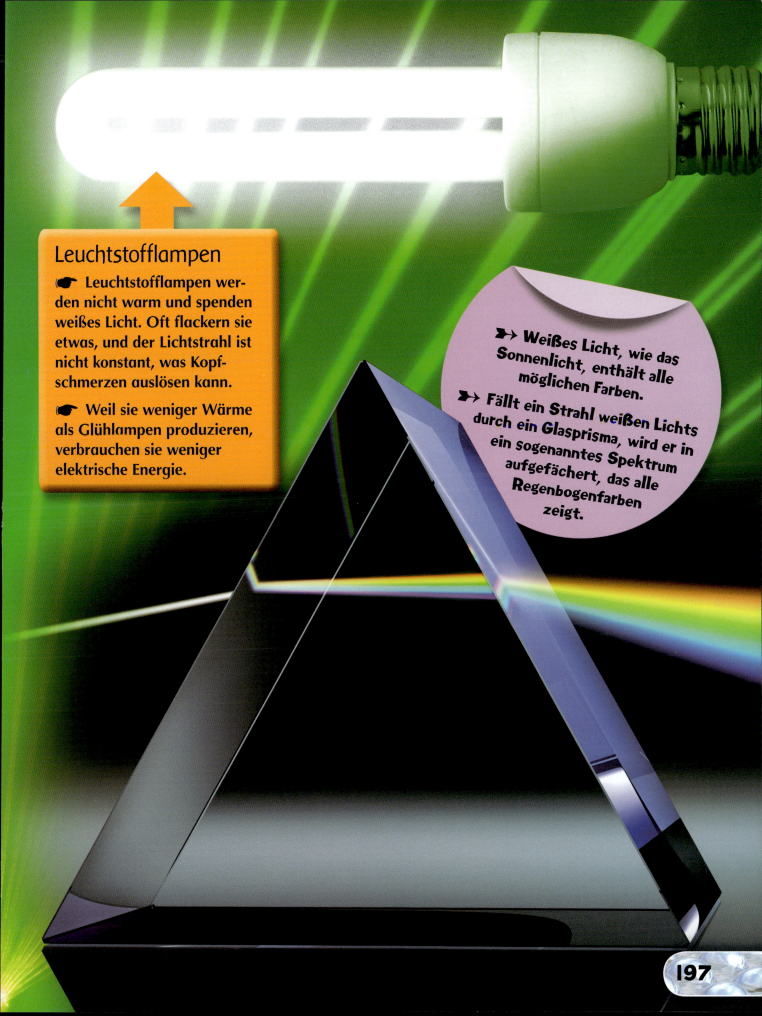

Leuchtstofflampen

☛ Leuchtstofflampen werden nicht warm und spenden weißes Licht. Oft flackern sie etwas, und der Lichtstrahl ist nicht konstant, was Kopfschmerzen auslösen kann.

☛ Weil sie weniger Wärme als Glühlampen produzieren, verbrauchen sie weniger elektrische Energie.

➤➤ Weißes Licht, wie das Sonnenlicht, enthält alle möglichen Farben.

➤➤ Fällt ein Strahl weißen Lichts durch ein Glasprisma, wird er in ein sogenanntes Spektrum aufgefächert, das alle Regenbogenfarben zeigt.

VERRÜCKTE FORSCHUNG

Faszinierende Atome

Früher dachte man, es gebe nichts Kleineres als Atome, doch dann wurden immer kleinere Teilchen entdeckt.

Aufbau eines Atoms

☞ Früher hielt man Atome für die kleinsten Bausteine der Materie. Dann fand man heraus, dass ein Atom aus Elektronen, Protonen und Neutronen besteht.

☞ Im Zentrum des Atoms befindet sich der Kern aus Protonen und Neutronen. Er wird umkreist von einigen noch kleineren Elektronen.

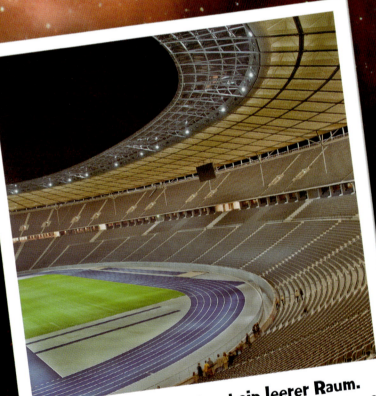

Ein Atom ist weitgehend ein leerer Raum. Stellt man sich den Atomkern als Fußball auf der Mittellinie vor, dann sind die Elektronen Erbsen, die entlang der Sitzreihen kreisen.

Mächtige Atome

☞ Die meisten Atome sind, obwohl weitgehend nur leerer Raum, fast unzerstörbar.

☞ Fast alle Atome wurden vor Milliarden Jahren im Innern der Sterne gebildet.

☞ Die Atome in Deinem Körper wurden alle in Sternen gemacht und verstreut, als diese explodierten. Wir bestehen alle aus Sternenstaub.

☞ Wenn sich sehr große Atome, z. B. Uran, in Teile aufspalten und in andere Elemente verwandeln, nennt man das radioaktiven Zerfall.

DATEN ATOM FAKTEN

☞ Wissenschaftler haben Hunderte kleinere Bestandteile des Atoms gefunden. Und ständig werden weitere entdeckt.

☞ Die kleinsten Teilchen könnten die sogenannten Quarks sein. Protonen und Neutronen bestehen aus Quarks. Setzt man für ein Proton die Größe einer Weinbeere an, wäre ein Quark so dick wie ein Haar.

☞ Ihre Entdecker haben den Quarks merkwürdige Namen gegeben. Einige heißen zum Beispiel Strange (merkwürdig), Charm (Anmut), Truth (Wahrheit) oder Beauty (Schönheit).

Winzige Dinge

☞ Auf dem Punkt am Ende dieses Satzes haben 2 Milliarden Atome Platz.

☞ In Deinem Kopf gibt es rund 450 Billionen Atome.

☞ Die Anzahl der Atome im Universum liegt in der Größenordnung einer 1 mit 80 Nullen.

☞ Atome verbinden sich zu größeren Molekülen: So entstehen neue Substanzen. Wenn sich zwei Wasserstoffatome und ein Sauerstoffatom zusammentun, bildet sich Wasser (H_2O).

Mehr Teilchen

✎ Es gibt Teilchen, die fast wie „Liebesbriefe" die Anziehungskräfte zwischen Teilchen übermitteln. Sie heißen Bosonen.

✎ Andere Teilchen kitten die Quarks in Protonen und Neutronen aneinander. Bei der Namensgebung waren die Forscher nicht sehr kreativ; sie nannten sie einfach Gluonen (glue = Kleber).

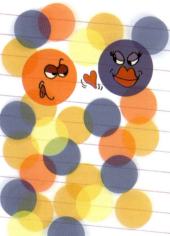

VERRÜCKTE FORSCHUNG

Verdächtige Substanzen

Einige Chemikalien und Materialien verhalten sich sehr seltsam.

DATEN SUBSTANZEN FAKTEN

- Fast alle Materialien dehnen sich beim Erwärmen aus. Zirkoniumwolframat aber schrumpft, weil sich die Atome gegeneinander verdrehen und zusammenrutschen.

- „Stimmungsringe" wechseln mit der Temperatur ihre Farbe. Das Kristallgitter dieser Schmucksteine verändert sich mit der Temperatur. Wenn sich die Kristalle verdrehen, reflektieren und absorbieren sie verschiedene Farbanteile des Lichts.

- Wenn man das Gas Helium auf −274,4 °C abkühlt, wird es flüssig und beginnt an den Wänden des Behälters, in dem es sich befindet, hochzukriechen.

- Vanillesoße verhält sich kurzzeitig wie ein fester Stoff, wenn man daraufschlägt. Man nennt solche Substanzen nichtnewtonsche Flüssigkeiten.

Duftstoffe

- Im Zweiten Weltkrieg benutzten französische Résistance-Kämpfer eine vom US-Geheimdienst entwickelte übel riechende Mischung, um deutsche Soldaten damit zu besprühen.

- Butylmercaptan ist einer der stärksten „Duftstoffe". Stinktiere produzieren ihn, um Angreifer zu vertreiben.

- Um Luftverbesserer zu testen, entwickelten US-Chemiker ein nach Fäkalien stinkendes Testgemisch mit der Bezeichnung „Government Standard Bathroom Malodor" (Toilettengestank nach Regierungsstandard).

➤➤ Ungelöschter Kalk wird häufig zur Reinigung der Abwasserrohre eingesetzt, weil er die glibberigen Fäkalien austrocknet.

➤➤ Ungelöschter Kalk heißt auch Ätzkalk, denn bei Zugabe von Wasser erhitzt er sich und wirkt ätzend.

200

Glühen im Dunkeln

☛ Glühwürmchen sowie einige Bakterien und Plankton glühen im Dunkeln, weil in ihnen der Stoff Luziferin eingelagert ist. Kommt Luziferin mit Sauerstoff aus den Zellen in Kontakt, strahlt er Energie in Form von Licht ab.

☛ Mitte des 19. Jahrhunderts schluckten viele Leute Phosphorpillen, um gescheiter zu werden. Im Kopf wurden sie dadurch nicht unbedingt heller, aber vielleicht leuchteten sie ja im Dunkeln.

☛ Papier wird heute mit fluoreszierenden Substanzen behandelt. Zeigen angeblich historische Dokumente unter UV-Licht ein Schimmern, sind sie sicherlich gefälscht.

Auch das Chinin in Tonicwater ist fluoreszierend. Jeder mit Tonicwater gemixte Drink leuchtet im Dunkeln leicht bläulich.

Sonderbare Namen

☛ Höllenstein (Silbernitrat) wird als Ätzmittel gegen Warzen eingesetzt. Die behandelten Hautstellen verfärben sich schwarz.

☛ Königswasser, eine Mischung aus konzentrierter Salz- und Salpetersäure, löst fast alles auf, auch Gold, den „König" der Metalle.

☛ Lachgas (Distickstoffoxid) kann beim Einatmen euphorische Lachanfälle auslösen. Wichtiger ist seine schmerzbetäubende Wirkung beim Einsatz als Narkosemittel.

VERRÜCKTE FORSCHUNG

Extreme Wissenschaft

Selbst kluge Köpfe müssen sich gehörig anstrengen, um die komplexesten wissenschaftlichen Theorien zu verstehen.

Einstein für Astronauten

Die Effekte der Relativität sind ganz real, nicht nur theoretisch. Beim Flug der Astronauten zum Mond ging die Uhr an Bord ihres Raumschiffs einige Sekunden nach. Die Uhr war nicht defekt, sondern sie reisten einfach so schnell, dass die Zeit langsamer ablief. Die Astronauten kamen etwas jünger zur Erde zurück, als sie gewesen wären, wenn sie auf der Erde verblieben wären.

Für uns erfassbar sind die drei Dimensionen, die wir sehen, und als vierte Dimension die Zeit, die wir erfahren können. Daneben könnte das Universum aber noch aus weiteren Dimensionen bestehen, die wir nicht wahrnehmen können.

DATEN RELATIV FAKTEN

☞ Nach der Speziellen Relativitätstheorie von Einstein sind alle Geschwindigkeiten relativ, ausgenommen die Lichtgeschwindigkeit. Sie bleibt immer gleich.

☞ Einstein führte die Idee der Einheit von Raum und Zeit ein, denn seine Relativitätstheorie besagt, dass man eine Bewegung nie nur im Sinne von Entfernung analysieren kann. Man muss die Zeit mit einbeziehen.

Das sind die Spuren subatomarer Teilchen in einer Blasenkammer. Sie sind zu klein, als dass man sie direkt sehen könnte, doch aus solchen Effekten weiß man, dass sie existieren.

Alles ist relativ

☞ Nach Einsteins Theorien verändert sich bei Annäherung an die Lichtgeschwindigkeit das Raum-Zeit-Kontinuum.

☞ Die Verformung der Raum-Zeit-Welt bei extrem hoher Geschwindigkeit bedeutet, dass die Welt immer stärker gestaucht erscheint. Bei einem Flug mit Lichtgeschwindigkeit würde die Welt auf ein Nichts zusammenschrumpfen.

☞ Die Uhren an Bord eines schnellen Raumschiffs gehen langsamer als die eines Beobachters außerhalb. Bei Erreichen der Lichtgeschwindigkeit käme die Zeit zum Stillstand.

Vor rund hundert Jahren wurde die Wissenschaft durch zwei grundlegend neue Theorien aufgerüttelt: die Relativitäts- und die Quantentheorie. Die Quantentheorie behandelt das Verhalten kleinster Teilchen. Sie schuf die Basis für Erfindungen wie den Laser.

VERRÜCKTE FORSCHUNG

Zeitreisende

Werden Menschen irgendwann durch die Zeit reisen? Nehmen wir uns etwas Zeit für diese Frage.

Die Zeitmaschine

Der berühmte Roman *Die Zeitmaschine* über eine Zeitreise wurde 1895 von H. G. Wells verfasst und 1960 verfilmt. Wells beschreibt eine Zukunft mit dem Volk der Eloi, die ein unbeschwertes Leben führen, während die hässlichen Morlocks für sie als Sklaven schuften.

DATEN ZEIT FAKTEN

☛ Ein Argument gegen Zeitreisen ist die Frage, was passiert, wenn Du in die Vergangenheit reisen und Deine Großeltern töten würdest, bevor Deine Eltern geboren wurden. Weder Dich noch Deine Eltern könnte es geben. Wer hat aber dann die Großeltern umgebracht?

☛ Einstein hielt Zeitreisen für unmöglich. Er argumentierte, dazu müsste man schneller als das Licht reisen. Bei Lichtgeschwindigkeit jedoch käme die Zeit zum Stillstand, und man wäre tot. Einige Wissenschaftler widersprechen dem, doch gelang ihnen bisher nicht der Beweis des Gegenteils.

Die Tipler-Röhre

Der Physiker Frank Tipler glaubt, man könne eine Zeitmaschine aus superdichter Materie mit der zehnfachen Masse der Sonne bauen. Das Material wird einfach gerollt, bis eine einige Milliarden Kilometer lange Röhre entsteht, die man in eine Drehung von einigen Milliarden Umdrehungen pro Minute versetzt. Dreht sie sich schnell genug, krümmen sich Raum und Zeit. Man könnte dann in der Röhre mit einen Raumschiff auf die Reise gehen. Augenblicklich soll man sich Tausende von Jahren in der Zukunft wiederfinden.

Manche Forscher halten eine Zeitreise in die Zukunft eher für möglich, eine Rückkehr in die Vergangenheit schließen sie aus. Wenn das so wäre, würde das erklären, warum uns noch nie Zeitreisende aus der Zukunft besucht haben.

Krümmung der Zeit

- Da die Gravitation Raum und Zeit beeinflusst, könnte eine Zeitmaschine vielleicht mithilfe von Gravitation funktionieren.
- Für Zeitreisen könnte man Schwarze Löcher nutzen, Bereiche mit derart hoher Gravitation, dass alles, sogar Licht, von ihnen angezogen wird.
- Schwarze Löcher könnten die Zugänge zu Abkürzungen, den sogenannten „Wurmlöchern", im Raum-Zeit-Kontinuum sein.

Einige Wissenschaftler vermuten, dass es in jedem Moment nicht nur eine Zukunft, sondern viele Zukunftsalternativen gibt, die auch alle eintreten. Man bezeichnet das als Viele-Welten-Theorie.

VERRÜCKTE FORSCHUNG

Skurrile Forscher

Einige der brillantesten Köpfe der Welt waren auch die verrücktesten.

Sir Isaac Newton
Newtons Verhalten wurde zu seinem Lebensende reichlich merkwürdig. Möglicherweise hatte er sich bei Experimenten mit Quecksilber eine Vergiftung zugezogen.

Newtons Hund
Sir Isaac Newton liebte seinen Hund Diamond sehr. Eines Tages stieß Diamond eine Kerze um; der dadurch ausgelöste Brand vernichtete die Ergebnisse von 20 Jahren Arbeit. Newton soll lediglich gesagt haben: „Oh Diamond, wenn du nur wüsstest, was für ein Unheil du angerichtet hast."

Charles Darwin
☛ Der Naturforscher Charles Darwin hielt 10 000 Seepocken als „Haustiere".

☛ Als junger Mann brachte der freigelassene Sklave John Edmonstone Darwin das Präparieren toter Tiere bei. So wurde seine Begeisterung für die Natur geweckt.

DATEN VERRÜCKT FAKTEN

☛ Als Albert Einsteins Schwester geboren wurde, meinte seine Mutter, mit dem Baby könne er doch schön spielen. Nach einem prüfenden Blick sagte er: „Na gut, doch wo sind seine Räder?"

☛ Andrew Crosse (1784–1855) lieferte die Vorlage für den Wissenschaftler Frankenstein aus dem Horrorroman. Bei einem Experiment leitete er Strom durch eine Chemikalienlösung, in der lebende Milben auftauchten. Das Gerücht machte die Runde, Crosse habe Leben erschaffen.

☛ Der Naturforscher Paracelsus (1493–1541) behauptete, den Homunkulus, ein Menschlein, erschaffen zu haben.

☛ Der Alchemist Heinrich Agrippa (1486–1535) soll einen Hundedämon geschaffen haben. Er diente als Vorlage für die Figur des Grim in den Harry-Potter-Romanen.

☛ Josef Papp, ein ungarisch-kanadischer Ingenieur, behauptete 1966, er habe in einer Garage ein Atom-U-Boot gebaut und damit den Atlantik überquert.

☛ Der Physiker Richard Feynman benutzte eine Kneipe als „Arbeitszimmer". Komplexe Gleichungen notierte er auf Bierdeckeln. Als Kind war er ein Spätentwickler und konnte erst mit drei Jahren sprechen.

Henry Cavendish

☛ Der britische Naturwissenschaftler Henry Cavendish (1731–1810) trug Kleidung, die mindestens seit einem Jahrhundert aus der Mode war.

☛ Cavendish hatte sich seine Bibliothek einige Kilometer entfernt von seinem Haus eingerichtet, damit kein Besucher ihn darum bitten konnte, ihm ein Buch auszuleihen.

Der Biologe Richard Owen prägte die Bezeichnung Dinosaurier. Häufig sezierte er Leichen. Einmal wollte er den Kopf eines toten Verbrechers untersuchen. Er bestach einen Wärter, aber auf dem Heimweg stolperte er und ließ den Kopf fallen.

VERRÜCKTE FORSCHUNG

Das Aha-Erlebnis

Viele bedeutende wissenschaftliche Ideen verdanken wir einer plötzlichen Eingebung.

DATEN • DAS IST ES! • FAKTEN

☛ 1895 bemerkte Wilhelm Röntgen ein Leuchten, das aus einer Lichtröhre in einem Kasten kam. Er hatte die Röntgenstrahlen entdeckt, die durch Gegenstände hindurchgingen. Später fotografierte er damit die Handknochen seiner Frau.

☛ Vielleicht wurde William Harvey 1628 durch die Vorführung einer kurz zuvor erfundenen Wasserpumpe auf die Erkenntnis gebracht, dass das Herz für die Blutzirkulation im Körper sorgt.

☛ Als Arno Penzias und Robert Wilson 1964 erstmals die kosmische Hintergrundstrahlung des Urknalls empfingen, waren sie überzeugt, die Signale würden durch Taubenmist auf ihrer Antenne hervorgerufen.

Ein Knaller

☛ Als der Astrophysiker George Smoot dieses Bild der kosmischen Hintergrundstrahlung sah, meinte er: „Das ist so, als ob man Gott sieht." Das Muster zeigt die Spuren des Urknalls.

Legendäre Inspiration

✎ Der Legende nach soll Archimedes im Bad sitzend seine Theorie über den Auftrieb gefunden haben. Hocherfreut über seine Entdeckung, rannte er nackt auf die Straße und rief „Heureka!" – auf Griechisch: „Ich hab's!".

✎ Angeblich soll Isaac Newton auf das Gravitationsgesetz gekommen sein, als er unter einem Baum saß und ihm ein Apfel auf den Kopf fiel.

Früher glaubte man, im Universum gebe es nur eine Galaxie. 1932 erkannte Edwin Hubble, dass es sich beim Andromedanebel aufgrund seiner enormen Entfernung um eine eigene Galaxie handeln musste. Heute wissen wir, dass es Milliarden von Galaxien gibt.

Träumer

☛ Der deutsche Chemiker August Kekulé verdankt seine bahnbrechende Entdeckung der Ringstruktur des Benzols (1865) einem Tagtraum von einer Schlange, die sich selbst in den Schwanz beißt.

☛ Der russische Chemiker Dmitri Mendelejew soll 1869 ein Nickerchen gemacht und von Tabellen geträumt haben. Nach dem Erwachen kam ihm die Idee, die chemischen Elemente nach ihrem Atomgewicht in einem tabellarischen Periodensystem anzuordnen.

Einstein fragte sich bei einem Blick in einen Spiegel, ob das Abbild verschwinden würde, wenn er schneller als das Licht reiste.

VERRÜCKTE FORSCHUNG

Merkwürdige Vorstellungen

Auch brillante Köpfe können sich schon mal gewaltig irren.

1895 sagte Lord Kelvin, der Präsident der Royal Society: „Flugmaschinen schwerer als Luft sind unmöglich." Acht Jahre später fand der erste Motorflug statt.

In der Vergangenheit

✎ 1650 ergab die „endgültige" Berechnung, dass die Welt am 23. Oktober 4004 v. Chr., einem Sonntag, erschaffen wurde.

✎ Anfang des 18. Jahrhunderts dachten Wissenschaftler, dass beim Verbrennen die mysteriöse Substanz Phlogiston entweicht.

✎ Vor 300 Jahren glaubte man, Muskeln würden Schießpulver enthalten, das explodiert und sie bewegt.

DATEN ZITATE FAKTEN

☞ „Das Telefon hat zu viele Schwachpunkte, um es ernsthaft als Kommunikationsmittel in Betracht zu ziehen." (Internes Papier einer Telegrafengesellschaft, 1876)

☞ „Die drahtlose Musikbox hat keinen erkennbaren kommerziellen Wert. Wer würde für eine Botschaft bezahlen, die an keinen bestimmten Empfänger gerichtet ist?" (Die Partner von David Sarnoff auf seinen Vorschlag zur Gründung eines Radionetzwerks um 1920)

☞ „Wer zum Teufel will Schauspieler sprechen hören?" (Harry M. Warner von Warner Brothers 1927, als der Tonfilm angekündigt wurde)

☞ „Spammail wird in zwei Jahren ein Problem der Vergangenheit sein." (Microsoft-Chef Bill Gates, 2004)

Die *New York Times* schrieb über Robert Goddard, den Erfinder der Flüssigkeitsrakete: „Ihm scheint das Grundwissen zu fehlen, das an jeder Highschool vermittelt wird."

Der Stein der Weisen

☛ Tausende Jahre hatten Alchemisten überall auf der Welt nach Verfahren gesucht, billige Metalle wie Blei in wertvolles Gold zu verwandeln.

☛ Im 8. Jahrhundert behauptete der arabische Alchemist Djabir Ibn Hajjan, Metalle durch Zugabe eines roten, aus einem besonderen Stein gewonnenen Pulvers in Gold verwandeln zu können. Dieser Stein, nach dem viele vergebens suchten, wurde als „Stein der Weisen" berühmt.

☛ 1980 gelang es dem Atomphysiker Glenn Seaborg in einem Atomreaktor tatsächlich, Bismut in Gold zu verwandeln.

Computer

➤➤ „Ich glaube, es gibt weltweit einen Markt für etwa fünf Computer." (Vorsitzender von IBM, 1943)

➤➤ „Es gibt keinen Grund, warum jemand privat einen Computer zu Hause haben sollte." (Vorsitzender des Computerherstellers DEC, 1977)

VERRÜCKTE FORSCHUNG

Zahlenspiele

Zunächst benutzten die Menschen die Finger zum Zählen, doch bald entwickelten sie vielfältige Zahlensysteme.

Mathematiker der Antike

☞ Als der griechische Mathematiker Thales entdeckte, dass jedes in einen Halbkreis eingezeichnete Dreieck rechtwinklig war, opferte er den Göttern einen Stier.

☞ Archimedes ersann ein Zahlensystem auf der Basis von Myriaden Myriaden (100 Millionen), um die Sandkörner der Welt zu zählen.

☞ Mathematik konnte in der Antike auch gefährlich sein, wie das Schicksal von Hypatia aus Alexandria zeigt. Sie wurde 415 n. Chr. ermordet, weil ihre Lehren und ihr selbstbewusstes Auftreten der Obrigkeit missfielen.

16	3	2	13
5	10	11	8
9	6	7	12
4	15	14	1

Magische Zahlen

☞ Sudoku basiert auf magischen Quadraten, die wohl vor 5000 Jahren in China ersonnen wurden. Die Zahlen jeder Zeile, Spalte und Diagonale ergeben immer dieselbe Summe.

☞ Leonardo Fibonacci untersuchte die Entwicklung einer Kaninchenpopulation und entdeckte die Fibonacci-Folge, in der sich eine Zahl aus der Summe der beiden vorhergehenden Zahlen ergibt: 1, 1, 2, 3, 5, 8, 13 usw. Diese Folge gibt es bei vielen Naturphänomenen.

Große und kleine Zahlen

✎ Für die Größe von Zahlen gibt es Präfixe, die einem Wort vorangestellt werden. Für große Zahlen: Mega… (1 mit 6 Nullen, 10^6), Giga… (10^9), Tera… (10^{12}), Peta… (10^{15}), Exa… (10^{18}), Zetta… (10^{21}) und Yotta… (10^{24}).

✎ Für sehr kleine Zahlen: Mikro… (10^{-6}), Nano… (10^{-9}), Piko… (10^{-12}), Femto… (10^{-15}), Atto… (10^{-18}), Zepto… (10^{-21}) und Yokto… (10^{-24}).

DATEN GROSS FAKTEN

☛ Ein Kartenspiel mit 52 Karten kann in 806 Millionen Milliarden Milliarden Milliarden Milliarden Milliarden (806 gefolgt von 60 Nullen) Varianten ausgeteilt werden.

☛ Der Astronom Sir Arthur Eddington schätzte, es gebe 15 747 724 136 275 002 577 605 653 961 181 555 468 044 717 914 527 116 709 366 231 425 076 185 631 031 296 Protonen im Universum. Eine mutige Annahme, aber leider falsch.

☛ Einige Wissenschaftler haben sich verrückte Namen wie Picoboo, Gigalo, Terrabull und Nanogoats für riesige Zahlen einfallen lassen.

Der griechische Philosoph Zenon führte den logischen Beweis, dass der schnelle Achill nie eine vor ihm gestartete Schildkröte einholen kann. Man nennt dies ein Paradoxon, weil es unserer Erfahrung widerspricht.

VERRÜCKTE FORSCHUNG

Geniale Gene

Gene sind der chemische Code unserer Zellen, der uns zu dem macht, was wir sind.

DATEN GENE FAKTEN

☞ Jede Zelle eines Lebewesens enthält einen winzigen doppelten Molekülstrang, die DNS. In dieser DNS, unserer Erbsubstanz, sind alle Informationen gespeichert, die die Zellen unseres Köper zum Wachstum brauchen.

☞ Die DNS hat Abschnitte, die Gene, die Anweisungen für bestimmte Merkmale enthalten.

☞ Jede Körperzelle ist mit rund 23 000 Genen ausgestattet. Doch andere Lebewesen sind ähnlich komplex wie wir Menschen: Ein Fadenwurm besitzt 20 000 Gene und eine Senfpflanze sogar 27 000.

Die Behauptung einer Frau, sie sei Anastasia, die nach der Ermordung der Zarenfamilie 1917 verschwundene Prinzessin, wurde durch einen DNA-Vergleich widerlegt.

Bei der Genmanipulation (GM) werden Gene aus der DNS eines Lebewesens auf ein anderes übertragen. 1985 verpflanzten Wissenschaftler ein menschliches Wachstumsgen in ein Schwein, das daraufhin so groß und schwer wurde, dass es Arthritis, eine Gelenkerkrankung, bekam.

Das Mitochondriengenom, eine spezielle DNA, unterliegt nur ganz geringen Veränderungen. Man hat es genutzt, um den Stammbaum des Menschen zu erforschen. Vermutlich stammen wir alle von einer Frau ab, die vor 250 000 Jahren in Afrika lebte.

➤➤ Wissenschaftler könnten Spinat genetisch so verändern, dass er wie Schokolade schmeckt. Sie hoffen, Zwiebeln so zu verändern, dass sie keine Tränen mehr hervorrufen.

➤➤ Französische Forscher impften einem Kaninchen Gene einer Qualle ein: Danach leuchtete es im Dunkeln.

Verdrehte DNS

Rosalind Franklin, Francis Crick, Maurice Wilson und James Watson entdeckten, dass die DNS die Form einer verdrehten Strickleiter hat, die als Doppelhelix bezeichnet wird.

Opferbereite Kartoffeln

Wissenschaftler entwickelten eine Methode zur Bekämpfung einer Pilzkrankheit bei Kartoffeln. Sie impften den Kartoffelpflanzen ein Gen ein, das ein giftiges Enzym produziert. Die Pflanzen reagieren auf Pilzinfektionen mit einer starken Ausschüttung. Diese ist so hoch, dass die Pflanze abstirbt. Durch ihren „Selbstmord" stoppt sie auch die weitere Ausbreitung der Pilzinfektion.

Australische Wissenschaftler hatten die Idee für ein sich selbst scherendes Schaf. Sie impften einem Schaf Gene ein, die seine Wolle bei einer bestimmten Länge abfallen ließen. Man sparte sich die Schur, doch die nackten Schafe litten an Sonnenbrand.

215

Die wichtigsten Fakten

Wunderwerk Körper

☛ Schwerstes Organ: Haut, 2,5–4,5 kg.
☛ Größte Zellen: Megakaryozyten im Knochenmark, 0,2 mm Durchmesser.
☛ Kleinste Zellen: Neuronen im Gehirn, 0,005 mm Durchmesser.
☛ Stärkstes Gelenk: Hüfte.
☛ Größter Muskel: Gluteus maximus im Gesäß.
☛ Kleinster Muskel: Stapedius im Innenohr.
☛ Längster Muskel: Schneidermuskel am Oberschenkel.
☛ Großflächigster Muskel: äußerer schräger Brustmuskel am Oberkörper.
☛ Lautester Rülpser: 118 Dezibel.
☛ Längster Bart: 5 m. Besitzer: der Norweger Hans Langseth.
☛ Längste Fingernägel: zusammen über 6 m. Besitzer: der Inder Shridhar Chillal.
☛ Älteste Frau, zugleich ältester Mensch mit gesicherten Lebensdaten: die 1997 mit 122 Jahren verstorbene Französin Jeanne Calment.
☛ Ältester Mann mit gesicherten Lebensdaten: der 1998 mit 115 Jahren verstorbene Däne Christian Mortensen.

Krankheit und Gesundheit

☛ Erste Hauttransplantation: im 6. Jahrhundert v. Chr. in Indien.
☛ Erste erfolgreiche Amputation unter Narkose: London 1847.
☛ Tödlichster Ausbruch einer Seuche: die Pest, die zwischen 1347 und 1351 etwa 25 Millionen Tote forderte.
☛ Schnellste Amputation: Der britische Chirurg Robert Liston konnte ein Bein in 28 Sekunden absägen.
☛ Häufigste Krankheit: Erkältung.
☛ Tödlichste, behandelbare Krankheit: Tuberkulose.
☛ Infektiöseste Krankheit: Masern.
☛ Erste erfolgreiche Nierentransplantation: durch R. H. Lawler 1950 in Chicago.
☛ Erste erfolgreiche Herztransplantation: durch Christiaan Barnard 1967 in Kapstadt in Südafrika.
☛ Erst erfolgreiche Herz-Lungen-Transplantation: durch Bruce Reitz 1981 in Stanford in den USA.
☛ Erste Handtransplantation: durch den Franzosen Jean-Michel Dubernard 1998.
☛ Erste bionische Prothese: Armprothese für Jesse Sullivan 2002 in den USA.

Die haben WAS gemacht?

☛ Verrücktester römischer Kaiser: Caligula (12–41 n. Chr.). Er befahl der Sonne, nachts aufzugehen.

☛ Längste Regierungszeit: 94 Jahre, Pharao Pepi II. von Ägypten (2275–2175 v. Chr.).

☛ Einziges Mädchen, das eine Armee kommandierte: Jeanne d'Arc führte 1429 die Franzosen gegen die Engländer.

☛ Erster Verbrecher, der mittels Funk gefasst wurde: Dr. Crippen 1910. Die Suchmeldung ging per Funk an das Schiff, mit dem er entkommen wollte.

Die Welt des Menschen

☛ Erster Wolkenkratzer: Home Insurance Building in Chicago, 1885.

☛ Höchstes Gebäude der Welt: Taipei 101 in Taiwan mit 509 m. 2009 wird der Burj Dubai Tower in Dubai mit vermutlich 810 m Rekordhalter sein.

☛ Größte Stadt: die japanische Hauptstadt Tokyo, 35,5 Mio. Einwohner.

☛ Erstes Patent: erteilt 1421 in Florenz an Filippo Brunelleschi für einen Kahn.

☛ Erste moderne Spültoilette: Schloss Ehrenburg bei Coburg, 1860; exklusiv für Königin Viktoria reserviert.

☛ Erstes Antibiotikum: Penicillin, 1929 von Alexander Fleming entdeckt.

☛ Reichste Person der Welt: Warren Buffet, amerikanischer Investor, 62 Mrd. Dollar (2008).

☛ Erster 100-m-Sprinter unter 10 Sekunden: der Amerikaner Jim Hines, 1968.

☛ Erster 1-Meilen-Läufer unter 4 Minuten: der Brite Roger Bannister, 1954.

☛ Jüngste Nummer eins der Golfweltrangliste: der Amerikaner Tiger Woods mit 21 Jahren.

☛ Höchster Intelligenzquotient: der IQ von 230 der Amerikanerin Marilyn vos Savant.

☛ Erster Motorflug: Brüder Orville und Wilbur Wright 1903 in den USA.

☛ Erste kommerzielle Magnetschwebebahn: vom Flughafen zum Stadtzentrum von Shanghai in China, 2004 eröffnet.

☛ Erstes Auto aus Massenproduktion: Ford Model T, 1905.

☛ Meistverkauftes Auto aller Zeiten: VW-Käfer mit 20 Mio. Exemplaren.

☛ Leistungsfähigster Computer: BlueGene/L mit einer Rechenkapazität von 360 Teraflops (1 Teraflops bedeutet 1 Billion Rechenoperationen pro Sekunde).

Erde und Weltraum

👉 Durchschnittliche Temperatur der Ozeane an der Wasseroberfläche: 17 °C.
👉 Größte Wüste der Erde: Sahara.
👉 Erfolgreiche Erstbesteiger des Mount Everest: Edmund Hilary und Tensing Norgay am 29. Mai 1953.
👉 Aktivster Vulkan: Kilauea auf Hawaii, seit 1983 permanent aktiv.
👉 Größter Vulkan: Mauna Loa auf Hawaii, 75 000 km³.
👉 Zäheste Organismen: Extremophile, die sogar auf dem Mars leben könnten.
👉 Größter Planet des Sonnensystems: Jupiter, mit dem 1321-fachen Volumen der Erde.
👉 Kleinster Planet: Merkur, 5 Prozent des Erdvolumens.
👉 Kältester Ort des Sonnensystems: Neptunmond Triton mit einer Oberflächentemperatur von −236 °C.
👉 Erdnächster Stern: Proxima Centauri, 4,22 Lichtjahre entfernt.
👉 Hellster Stern am Nachthimmel: Sirius, 8,6 Lichtjahre entfernt.
👉 Anzahl der Menschen auf dem Mond: 12, alle zwischen 1969 und 1972. Der erste war Neil Armstrong, gefolgt von Buss Aldrin.
👉 Spektakulärster Meteoritenstrom: die Leoniden, die alle 33 Jahre auftauchen, wenn ein Komet an der Erde vorbeizieht.

Verrückte Natur

👉 Tödlichster Tornado in den USA: Tri-State 1925 mit 695 Todesopfern.
👉 Tödlichster Sturm des 20. Jahrhunderts: Bangladesch 1970, mit über 250 000 Toten.
👉 Stärkste gemessene Windbö: mit 372 km/h am Mount Washington, New Hampshire, 1934.
👉 Größte Wolken: Gewitterwolken (Cumulonimbus), bis zu 20 km hoch.
👉 Wahrscheinlichkeit, zwei Schneeflocken mit demselben Muster zu finden: 1 zu 10 158.
👉 Niedrigste jemals gemessene Temperatur: −89 °C in der Antarktis.
👉 Ältester lebender Einzelbaum: „Methuselah", eine Borstenkiefer in Kalifornien mit etwa 4700 Jahren.
👉 Kleinste Blütenpflanze: Zwergwasserlinse, weniger als 1 mm Durchmesser.
👉 Größte fleischfressende Pflanze: Kannenpflanze, deren Falle über 30 cm lang werden kann.
👉 Größter lebender Organismus: ein Pilz in den USA, der unterirdisch wächst und sich über rund 9 km² ausbreitet.

Tolle Tiere

- Schwerster lebender Vogel: Strauß, 150 kg.
- Schwerster flugfähiger Vogel: Großtrappe, 18 kg.
- Kleinstes Säugetier: Schweinsnasenfledermaus. Sie wiegt nur 2 g.
- Schnellstes Landtier: Gepard. Er sprintet mit 110 km/h.
- Größter dokumentierter Heuschreckenschwarm: 10 Milliarden Tiere, 1954 in Kenia.
- Älteste Fischspezies: Quastenflosser, 350 Mio. Jahre alt.
- Größte und langlebigste Schildkröte: Riesenschildkröte, kann 170 Jahre leben.
- Größtes Reptil: Leistenkrokodil, über 6 m Länge.
- Kleinstes Reptil: Jaraguda-Eidechse, rund 16 mm lang.
- Größtes Tier: Blauwal, bis zu 30 m lang und 160 t schwer.
- Größtes Landtier: Afrikanischer Elefant mit bis zu 7500 kg.
- Einziges giftiges Säugetier: Schnabeltier mit Giftspornen an den Hinterbeinen.

Verrückte Forschung

- Kleinstes bekanntes Elementarteilchen: Quark.
- Grenzgeschwindigkeit eines Fallschirmspringers: 320 km/h.
- Schwerkraft auf dem Mond: ein Sechstel der Schwerkraft auf der Erde.
- Kleinste Masseeinheit: Yoctogramm (10^{-24} g), zum Wiegen von Elementarteilchen.
- Größte Masseeinheit: Yottagramm (10^{24} g) = 1 000 000 000 000 000 000 000 000 g.
- Lichtausbeute einer normalen Glühlampe: rund 5% der Energie.
- Durchschnittlicher Energiebedarf eines Erwachsenen pro Tag: 7000 Kilojoules.
- Lichtgeschwindigkeit im Vakuum: 299 792 458 m/s.
- Erste Erzählung über eine Zeitreise: *Memoirs of the Twentieth Century* von Samuel Madden, 1733.
- Das längste Experiment: An der University of Queenland in Australien tropft seit 1930 Pech aus einem Trichter – etwa alle zehn Jahre ein Tropfen.
- Größte bekannte Primzahl: $2^{32582657} - 1$, von Curtis Cooper und Steven Boone 2006 entdeckt.

Register

A
Aids 45
Akne 51
Alchemie 211
Aldrin, Buzz 218
Alexander der Große 62, 80
Alter 32–33
Amazonas 120
Amputationen 40, 216
Antibiotika 18, 52, 217
Antike Heilmethoden 36–37
Armstrong, Neil 218
Aspirin 53
Assisi, Franz von 64
Asteroiden 132
Atemwege 18
Athleten 84–85
Atome 198–199
Aufstoßen 29
Aufzug 91
Augapfel 13
Augen 13
Augenchirurgie 54
Autos 110–111

B
Baby 27, 32
Bakterien 30, 46–47
Balz 184–185
Bannister, Roger 217
Barnard, Christiaan 56, 216
Bärte 17
Bartlett, Robert 63
Bauern 98
Bäume 156–157
Bauwerke 90
Blinzeln 13
Blitze 148–149
Blut 15, 24–25, 51
Blutegel 52
Blutgruppe 24
Blutkörperchen 25, 51
Blutversorgung 10
Bolívar, Simón 63
Bonaparte, Napoleon 68
Borstenkiefer 218
Boviste 160
Brasilia 88
Buffet, Warren 217
Bürgerrechte 65
Burj Dubai Tower 217
Bush, George W. 83

C
Caligula 68, 217
Calmet, Jeanne 33, 216
Carrel, Alexis 56
Cäsar, Julius 62
Cavendish, Henry 207
Che Guevara 63
Cheopspyramide 90
Chillal, Shridhar 17, 216
Chirurgie 40–42, 54–55
Chirurgieroboter 55
Cholera 45
Commodus 66
Computer 102–103, 217
Cook, James 63
Cumulonimbus 141, 218
Curie, Marie 81

D
da Vinci, Leonardo 80
Dalai-Lama 64
Dalí, Salvador 71
Darm 23, 31
Darwin, Charles 206
Delfine 13
Denis, Jean-Baptiste 41
Despoten 66–67
Dichter 70
Diebe 72–73
Diogenes 80
Donner 148
Dr. Tagliacozzi 40
Dracula 76
Dubernard, Jean-Michel 216
Dürre 178

E
Echolot 187
Echsen 179
Eidechsen 169
Eier 167
Eingeweide 22–23, 31
Einstein, Albert 81
Eisenbahnen 108–109
Elagabal 66
Elefanten 171
Embryo 11
Energie 194–195
Erbrechen 28–29
Erdbeben 122–123

Erkältung 48, 216
Eroberer 62
Essen 22, 98–99
Extremsituationen 79

F

Fabriken 96–97
Fehler 82–83
Fieber 36, 48
Finger 13
Fingernägel 17, 216
Fleischfressende Pflanzen 158–159
Fleming, Alexander 52, 94, 216
Flöhe 43
Flugzeuge 106–107
Flüsse 120–121
Fluten 146–147
Forscher 63
Frösche 168
Fürstenau 88
Furunkel 51
Fußball 85

G

Galaxis 136–137
Gangster 73
Garcia-Tolson, Rudy 59
Gasplaneten 126–127
Gebäude 90–91
Gebirge 118–119
Geburt 11
Gehirn 10–11, 58
Gehör 13
Gene 214–215
Genies 80–81

Geruchsrezeptoren 12
Geruchssinn 12
Geschmackssinn 13
Gewitterwolken 141
Gluteus maximus 20
Graham, James 39
Grippe 49
Großhirnrinde 10
Gürteltiere 187

H

Haare 16
Haie 174
Harnstoff 26
Hausstaub 15
Haut 13, 14–15, 30, 216
Hautausschläge 50–51
Hawking, Stephen 81
Heilmittel 52–53
Helden 62–63
Herz 24
Herztransplantation 56, 216
Hilary, Edmund 218
Hines, Jim 217
Hirnzellen 10
Höchstleistungen, tierische 188–189
Höhlen 90
Hormone 15
Hughes, Howard 74
Hunde 13
Hurrikane 144–145
Hyänen 180

I

Ideen 94–95

Industrielle Revolution 96
Industrieroboter 97
Insekten 172–173, 181
Internet 103
Iwan der Schreckliche 67

J

Jack the Ripper 76
Jeanne d'Arc 65, 217
Jupiter 126, 218

K

Käfer 173
Kakerlaken 172
Kannenpflanzen 158, 218
Kälte 150–151
Keime 46
Keller, Helen 65
Kellog, John 39
Kernspintomograf 55
Kiefer 21
Kindheit 33
King, Martin Luther 65
Kolumbus, Christoph 43, 62
Kometen 133
Komponisten 70
Könige 68–69
Korallen 175
Körperflüssigkeiten 18–19
Körpersäfte 36
Kot 27
Krankheiten 44–45, 216
Kreuzfahrtschiffe 105

Krimkrieg 65
Krokodile 168
Kühe 18, 21
Künstler 70–71

L

Langseth, Hans 17, 216
Langstreckenflüge 188
Lawler, R. H. 216
Lava 123
Leichenräuber 77
Leoniden 218
Leuchtstofflampen 197
Licht 196–197
Liszt, Franz 80
London 43
Long, John 39
Ludwig XIV. 74
Luftkämpfe 106
Luftschiffe 106
Luxus 75

M

Magellan, Ferdinand 63
Magen 22, 23, 28, 29
Magnolien 154
Malaria 45
Maler 71
Mandela, Nelson 65
Mars 125
Maschinen 92–93
Masern 45, 216
Meer 114
Meeresleuchten 115
Meeressäugetiere 175
Meerestiere 174–175
Megastädte 89
Merkur 125

Meteoriten 132–133, 218
Mikroben 30–31
Milchstraße 136
Mitesser 15
Mond 128–129
Mörder 76–77
Mortensen, Christian 216
Mount Everest 118, 218
Mozart, Wolfgang Amadeus 80
Muskeln 16, 20–21, 216
Mutter Teresa 65

N

Nahrung 22
Nanomaschinen 93
Narkose 40, 54
Nase 12
Neptun 127
Nero 68
Nerven 11
Nester 176
Netzhaut 13, 58
Neuronen 11
Newton, Issac 80, 206
Nieren 25
Niesen 19, 42, 47
Norgay, Tensing 218
Nutzvieh 98

O

Ohren 13, 19
Ohrenschmalz 19
Öl 194
Orchideen 162
Organe, künstliche 58

Organverpflanzung 56–57, 216
Owens, Jesse 84
Ozeane 114–115, 218

P

Patent 217
Pest 42–43
Pflanzen 152–155
Pflüge 92
Pharao Pepi II. 66, 217
Pickel 15
Pilze 31, 160–161
Planeten 124–127
Platon 80
Prothesen 58–59, 216
Proxima Centauri 218
Pubertät 33

Q

Quacksalber 38–39
Quecksilber 39

R

Ratten 43
Raubtiere 180–181
Rauch 44
Raumfahrt 134–135
Rebellen 62
Regen 140–141
Reichtum 74–75
Reitz, Bruce 216
Relativitätstheorie 202–203
Rennkuckuck 167
Reptilien 168–169, 219
Riesenbäume 156
Ringelflechte 50

Robespierre, Maximilien de 67
Rollschuhe 95
Rosas, Juan 67
Ruth, Babe 84

S

Sahara 116, 218
Samen 162–163
Sankt Petersburg 88
Saturn 127
Sauerstoff 10
Säugetiere 170–171, 219
Schachcomputer 103
Schiffe 104–105
Schimmelpilze 160
Schlangen 169, 181
Schlangenöl 38
Schleim 18
Schneeflocken 218
Schneidermuskel 20
Schorfbildung 15
Schwarze Löcher 137
Schweizer, Albert 64
Schwerkraft 192–193
Seenot 104
Seerosen 155
Serienmörder 77
Shakespeare, William 71
Sicht 13
Sinne 12–13, 186–187
Sirius 130, 218
Skelettmuskulatur 21
Sonne 130–131
Spaceshuttle 135
Spiralgalaxien 137
Städte 88–89
Staubmilben 14
Stealth-Flugzeuge 107
Steinwerkzeuge 92
Sterne 130–131, 218
Sternschnuppen 133
Steroide 53
Stinkbomben 12
Stürme 142–143

T

Taipeh 101 91, 217
Talgdrüsen 15, 51
Tarnung 183
Tastsinn 13
Tektonische Platten 122
Temperament 36
Tennis 85
Termiten 172
Thomson, Samuel 38
Tierbauten 176–177
Tiersinne 186–187
Toiletten 100–101, 217
Tokyo 89, 217
Tornados 143, 218
Tränen 19
Trepanation 37
Triton 218
Tropenvögel 166
Tsunami 147
Tuberkulose 44, 216
Tyrannen 66

U

Überlebenskünstler 78–79
Überlebensstrategien 182–183
Überschwemmungen 146–147
Universum 136–137
Uranus 127
Urin 26

V

van Gogh, Vincent 71
Vatikanstadt 88
Venus 124
Viren 31, 47, 48, 49
Vögel 166–167, 219
Vogeleier 167
vos Savant, Marilyn 217
Vulkane 123, 218

W

Wallace, William 63
Warzen 50
Wasser 121
Wasserfälle 121
Weichtiere 174
Werkzeuge 92–93
Wilder Westen 38, 73
Wimpern 13
Wind 142–143
Wirtschaft 82
Wolkenkratzer 91, 217
Woods, Tiger 85, 217
Wright, Brüder 106, 217
Wüsten 116–117, 153

Z

Zahlen 212–213
Zeit 204–205
Zeitreisen 204–205
Zitronensaft 13
Zunge 13, 21

Bildnachweis

Alle Grafiken von Guy Harvey

Fotos:
o – oben, u – unten, r – rechts, l – links, m – Mitte
Titel: l Dreamstime.com/Steve Luker, m NASA, r Buddy Mays/Corbis

1 Drazen Vukelic/Dreamstime.com, 3 Dreamstime.com, 4 Dreamstime.com/Joao estevao Andrade de freitas, 6-7 Andrew Davis/Dreamstime.com, 6o Wayne Abraham/Dreamstime.com, 6u Dreamstime.com/Kathy Wynn, 7o Dreamstime.com, 7u John Kounadeas/Dreamstime.com, 8-9 Dreamstime.com/Monika Wisniewska, 9ul Dreamstime.com/Steve Luker, 9um Dreamstime.com/Janet Carr, 9ur Dreamstime.com, 10 Dreamstime.com, 11o Corbis/Roger Ressmeyer, 11u Dreamstime.com/James Steidl, 12 Dreamstime.com/Steve Luker, 13o Dreamstime.com/Fallenangel, 13u Dreamstime.com/Andy Piatt, 14 Corbis/Bob Sacha, 15l C/Mediscan, 15o Dreamstime.com/Graça Victoria, 16 Dreamstime.com/Noriko Cooper, 17o Dreamstime.com/Mandy Godbehear, 17u Dreamstime.com/Silas Brown, 18o Dreamstime.com, 18u Grace/zefa/Corbis, 19 C/Larry Williams, 20-21 Dreamstime.com/Janet Carr, 20o Dreamstime.com/Jason Stitt, 21o Dreamstime.com/Peter Galbraith, 22 Dreamstime.com/Showface, 23o Visuals Unlimited/Corbis, 23u Dreamstime.com/Eraxion, 24-25 Dreamstime.com/Sebastian Kaulitzki, 24 Corbis/Angelo Christo/zefa, 25 Corbis/Howard Sochurek, 26 Dreamstime.com/Milan Kopok, 27o Dreamstime.com/Daniel Schmid, 27u Dreamstime.com/Jeecis, 28 Heiko Wolfraum/dpa/Corbis, 29u Dreamstime.com, 29o Lester V. Bergman/CORBIS, 30u Dreamstime.com/Simone Van Den Berg, 30o Dreamstime.com/Monika Wisniewska, 31 Lester V. Bergman/Corbis, 32 Dreamstime.com/Andrew Taylor, 33o Dreamstime.com/Sherrie Smith, 33u Parrot Pascal/Corbis Sygma, 34-35 Dreamstime.com/Scott Rothstein, 35l Dreamstime.com/Vladimirs, 35m Dreamstime.com/Lee Reitz, 35r Dreamstime.com, 36 Dreamstime.com, 37 Reuters/Corbis, 38u Dreamstime.com/Lee Reitz, 38o Dreamstime.com/Andra Cerar, 39 Bettmann/Corbis, 40o Bettmann/Corbis, 40u Dreamstime.com/Eldoronki, 41l Richard A. Cooke/Corbis, 41r Dreamstime.com, 42 Bettmann/Corbis, 43o Dreamstime.com/Vladimirs, 43u Bettmann/Corbis, 44u Dreamstime.com/Alex Kalmbach, 44o Jon Feingersh/zefa/Corbis, 45o Dreamstime.com/Yuen Che Chia, 45u Dreamstime.com, 46-47 Dreamstime.com, 46l Dreamstime.com/Ewa Walicka, 46r Dreamstime.com/Ryan Jorgensen, 47 Dreamstime.com/Simone van den Berg, 48-49 Dreamstime.com/Kati Neudert, 49o Visuals Unlimited/Corbis, 49u Dreamstime.com, 50l Dreamstime.com, 50u Dreamstime.com/Bruce Macqueen, 51 Dr. Milton Reisch/Corbis, 52o Dreamstime.com, 52u Anthony Bannister; Gallo Images/Corbis, 53o Dreamstime.com/Scott Rothstein, 53u Dreamstime.com/Edward Westmacott, 54u Dreamstime.com/Ljupco Smokovski, 54o Dreamstime.com/Fallenangel, 55 Deamstime.com, 56-57 Bettmann/Corbis, 56o Dreamstime.com/Clint Scholz, 57o Pascal Rossignol/Reuters/Corbis, 58 Ed Kashi/Corbis, 59 Robert Galbraith/Reuters/Corbis, 60-61 Dreamstime.com, 62l Dreamstime.com/Antonio Ballesteros, 61m Dreamstime.com/Aleksandr Lobanov, 61r Dreamstime.com/Ryan Jones, 62o Dreamstime.com/Antonio Ballesteros, 62u Bettmann/Corbis, 63l d8/Scott Rothstein, 63r d8/Lori Martin, 64 Dreamstime.com/Eti Swinford, 65l Louise Gubb/Corbis, 65r Dreamstime.com/James Hearn, 67l Stefano Bianchetti/Corbis, 67r Handke-Neu/Corbis, 68u Dreamstime.com/Rafael Laguillo, 68o Dreamstime.com/Vladimir Pomortsev, 69l Richard Mellour/Sygma/Corbis, 69r Michael Nicholson/Corbis, 70-71 Dreamstime.com/Romulus Hossu, 70o Dreamstime.com/Ewa Walicka, 71u Hulton-Deutsch Collection/Corbis, 72u Dreamstime.com/Aleksandr Lobanov, 73 Siemonet Ronald/Corbis Sygma, 74o Bettmann/Corbis, 74u Dreamstime.com/Simon Gurney, 75o Dreamstime.com/Michael Shake, 75u Dreamstime.com/Scott Rothstein, 76u Dreamstime.com/Lyn Baxter, 76o Dreamstime.com, 77 John Bryson/Sygma/Corbis, 78o Dreamstime.com, 79o Group of Survivors/Corbis, 79u Dreamstime.com/Olaf Schlueter, 80 Dreamstime.com/Vladimir Pomortsev, 81m Hulton-Deutsch Collection/Corbis, 81l Dreamstime.com/Ryan Jones, 82o Corbis, 82u Dreamstime.com, 83o Dreamstime.com/Sandra Henderson, 83u Reuters/Corbis, 84o Bettmann/Corbis, 84u Dreamstime.com/Steve Degenhardt, 85o Dreamstime.com, 85u Dreamstime.com/Dragan Trifunovic, 86-87 Ralph Paprzycki/Dreamstime.com, 87l Andrew Davis/ Dreamstime.com, 87m Shuttlecock/Dreamstime.com, 87r 88 Dreamstime.com, 89l Dreamstime.com/Utsav Arora, 89r Ralph Paprzycki/Dreamstime.com, 90-91 Andrew Davis/Dreamstime.com, 90o Jonathan Blair/Corbis, 92o Maurice Nimmo; Frank Lane Picture Agency/Corbis, 92-93 Utsav Arora/Dreamstime.com, 93o Dreamstime.com/Kirill Zdorov, 93u NASA, 94 Bettmann/Corbis, 95o Edite Artmann/Dreamstime.com, 95u Dreamstime.com, 96o Anthony Hall/Dreamstime.com, 97 Gideon Mendel/Corbis, 98l Joe Gough/Dreamstime.com, 98r Dreamstime.com/ Soldeandalucia, 99o Johanna Goodyear/Dreamstime.com, 99u Leon Forado/Dreamstime.com, 100l Editoria/Dreamstime.com, 100r Dreamstime.com, 101l Dreamstime.com, 101r Corbis, 102u Joris Van Den Heuvel/Dreamstime.com, 103l Louie Psihoyos/Corbis, 103r Pablo Eder/Dreamstime.com, 104-105 Rob Bouwman/Dreamstime.com, 104 Robert Creigh/Dreamstime.com, 105o Lein De Leon/Dreamstime.com, 106-107o Wayne Abraham/Dreamstime.com, 106-107u Wayne Mckown/Dreamstime.com, 107r Prestong/Dreamstime.com, 108 Bettmann/Corbis, 109o Ian Klein/Dreamstime.com, 109u John Leung/Dreamstime.com, 110l Linda & Colin Mckie/Dreamstime.com, 110-111 Shuttlecock/Dreamstime.com, 111 Hulton-Deutsch Collection/Corbis, 112-113 NASA, 113l NASA, 113m Digital Vision, 113r Roger Degen/Dreamstime.com, 114-115 Naluka/Dreamstime.com, 114 John Kounadeas/Dreamstime.com, 115o NASA, 115u Wikipedia/msauder, 116-117 Roger Degen/Dreamstime.com, 116o Dreamstime.com/Vladimir Pomortsev, 117u Laurin Rinder/Dreamstime.com, 118o Dreamstime.com/Jose Fuente, 118u Didrik Johnck/Corbis, 119o Dreamstime.com, 120-121 Nicole Andersen/Dreamstime.com, 121 Isospin123/Dreamstime.com, 122 Chris 73/ http://commons.wikimedia.org/wiki/Image:Bridge_across_continents_iceland.jpg, 123 Digital Vision, 124o ESA, 124u NASA, 125 alle NASA, 126-127 alle NASA, 128-129 NASA, 128 Mark Bond/Dreamstime.com, 129o ESA/DLR/FU Berlin (G. Neukum), 130-131 NASA, 132-133 NASA, 132 Corbis, 133 Sebastian Kaulitzki/Dreamstime.com, 134l Bettmann/Corbis, 134-135 NASA, 135o Bettmann/Corbis, 135u NASA, 137o Hyside/Dreamstime.com, 137u NASA, 138-139 Ian Francis/Dreamstime.com, 139l Tiger Darsn/Dreamstime, 139m Dreamstime.com, 139r 140o Bettmann/Corbis, 140u Dreamstime.com, 141 Dreamstime.com, 142-143 Eric Nguyen/Corbis, 142o Amelia Takacs/Dreamstime.com, 143 Michael Freeman/Corbis, 144 Amy Ford/Dreamstime.com, 145 Stringer/USA/Reuters/Corbis, 146-147 Lanceb/Dreamstime.com, 147o James Robert Fuller, 147u Andy Nowack/Dreamstime.com, 148 Dreamstime.com/Marcelo Zagal, 149o Jim Reed/Dreamstime.com, 149u Jerry Horn/Dreamstime.com, 150-151 Matej Krajcovic/Dreamstime.com, 150o Dreamstime.com/Jan Will, 151r Dean Conger/Corbis, 151-152 Tiger Darsn/Dreamstime, 152l Gail Johnson/Dreamstime.com, 153 Andreasguskos/Dreamstime.com, 154 Dreamstime.com, 155o Elena Elisseeva/Dreamstime.com, 155u Dreamstime.com/Alantduffy1970, 156u Dreamstime.com, 156-157 Dreamstime.com/Kar Yan Mak, 157r Dreamstime.com, 158l Neil Miller; Papilio/Corbis, 158o Norman Chan/Dreamstime.com, 160u Lester V. Bergman/Corbis, 160r Sergey Zholudov/Dreamstime.com, 161r Adam Płonka/Dreamstime.com, 162l Oktay Ortakcioglu/Dreamstime.com, 162u Anette Linnea Rasmussen/Dreamstime.com, 163o Nik Wheeler/Corbis, 163u Alexander Kolomietz/Dreamstime.com, 164-165 Corbis, 165l 172o Dreamstime.com/Joao estevao Andrade de freitas, 165m Dreamstime.com/Stephen Girimont, 165r Dreamstime.com/Andy Heyward, 166 Dreamstime.com/Kathy Wynn, 167u Paul Wolf/Dreamstime.com, 168o Dreamstime.com, 168u Dreamstime.com/David Hancock, 169 Buddy Mays/Corbis, 170o Dreamstime.com/Christopher Marin, 170u Dreamstime.com/Anthony Hathaway, 171 Dreamstime.com/David Pruter, 172o Dreamstime.com/Joao estevao Andrade de freitas, 172u Dreamstime.com/Marek Kosmal, 173o Dreamstime.com/Ron Brancato, 173u Dreamstime.com/Chris Fourie, 174-175 Stuart Westmorland/Corbis, 174l Amos Nachoum/Corbis, 175o Dreamstime.com/Asther Lau Choon Siew, 176l Dreamstime.com/Isabel Poulin, 176r Dreamstime.com/Stephen Girimont, 177o Eendicott/Dreamstime.com, 177u Dreamstime.com/Ken Cole, 178l Dreamstime.com/Can Balcioglu, 178o Joe McDonald/Corbis, 179 Dreamstime.com/Andy Heyward, 180 Eric Coia/Dreamstime.com, 181u Dreamstime.com/Rachel Barton, 182 Tim Davis/Corbis, 182-183u Dreamstime.com/Vladimir Kindrachov, 184o John Loader/Dreamstime.com, 184u Dreamstime.com/Brett Atkins, 185u Mono Andes, 186 Dreamstime.com/Stephen Inglis, 187l Dreamstime.com/Fred Goldstein, 187u Jeff Clow/Dreamstime.com, 188 Denis Scott/Corbis, 189o Bernard Breton/Dreamstime.com, 189u Andre Nantel/Dreamstime.com, 191l Matthias Kulka/zefa/Corbis, 191m Dreamstime.com/Andreus, 191r Dreamstime.com/Anita Patterson Peppers, 192 Sonya Etchison/Dreamstime.com, 192u NASA, 193 Drazen Vukelic/Dreamstime.com, 194l Dreamstime.com, 194o Dreamstime.com, 195o Rainer/Dreamstime.com, 195u Dreamstime.com, 196-197 Jacek Kutyba/Dreamstime.com, 196o Steve Lupton/Corbis, 197o Red2000/Dreamstime.com, 197u Matthias Kulka/zefa/Corbis, 198o NASA, 198u Stefan Baum/Dreamstime.com, 199 Dreamstime.com/Andreus, 200-201 Bob Sacha/Corbis, 201o Dreamstime.com/Anita Patterson Peppers, 201u Peter Kim/Dreamstime.com, 202l Dreamstime.com, 203o Kevin Fleming/Corbis, 204-205 Dreamstime.com, 204l Bettmann/Corbis, 206u Dreamstime.com, 207o Bettmann/Corbis, 208l Dreamstime/Tyler Olson, 208o NASA, 208-209 Esa/V. Beckmann, 209 Bettmann/Corbis, 210l Dreamstime/Martin Plsek, 211o NASA, 211u NASA, 212o Dreamstime.com/Laura Bulau, 213 James Steidl/Dreamstime.com, 214o Rykoff Collection/Corbis, 214u Anthony Gaudio/Dreamstime.com, 214-215 Matthias Kulka/zefa/Corbis, 215 Jiri Castka/Dreamstime.com